# GLI DÈI ALLE SEI

GIOVANNI NUCCI

# GLI DÈI ALLE SEI

L'*Iliade* all'ora dell'aperitivo

BOMPIANI
OVERLOOK

Giunti Editore si impegna per uno sviluppo sostenibile
con l'utilizzo di carta certificata FSC® proveniente
da fonti gestite in maniera responsabile.

www.giunti.it
www.bompiani.it


Via Bolognese 165 – 30159 Firenze – Italia
Via G.B. Pirelli 30 – 20124 Milano – Italia

Prima edizione: maggio 2023
Prima ristampa: febbraio 2025

Bompiani è un marchio di proprietà di Giunti Editore S.p.A.

*Le anime annusano giù verso l'Ade.*
Eraclito, A47

Ci siamo fatti un'immagine degli dèi che osservano tutto dall'alto, dall'altezza dell'Olimpo, mentre prendono l'aperitivo: come fossero al cinema osservano gli eroi combattere nella piana davanti Troia, e commentano, parteggiano per gli uni o per gli altri, ogni tanto intervengono muovendo da lì le azioni degli eroi, pedine sulla scacchiera, un videogioco. Non credo sia il modo giusto di vedere la cosa: è piuttosto vero il contrario.

A questo proposito c'è la storia abbastanza nota di Goffredo Mainardi che era venuto a Parigi per tenere una serie di lezioni sull'*Iliade* al Collège de France. E lì si erano rivisti, quasi per caso, ritrovandosi dopo molti anni. Non c'era voluto molto per capire che la loro era da sempre stata qualcosa di più che una semplice amicizia – magari già lo sapevano, ma adesso quel loro bene, proprio nel suo essere incompiuto e per quanto non si fosse affatto sbiadito nel tempo, era venuto fuori in tutta la sua luminosa leggerezza.

All'epoca lei aveva una vita molto piena, anche se agiata: era sposata con un rispettabile uomo politico e dunque di lavoro faceva la moglie del rispettabile uomo politico – poi aveva anche i suoi interessi diciamo così, ed è assecondando questi interessi che era venuta a Parigi, dove aveva saputo delle lezioni che Mainardi avrebbe tenuto al Collège de France. Così era andata a Place Berthelot presentandosi a lui come se nel frattempo non fossero passati trent'anni.

Credo che il loro fosse uno di quei casi in cui a un grande amore non era ancora riuscita a corrispondere nessuna possibilità. Nel corso del tempo si erano più volte ritrovati, ma ogni volta, per un motivo o per l'altro, che dipendesse da lei o da lui, si erano incrociati quasi sfiorandosi per poi proseguire ognuno per una propria e diversa direzione. Così, anche se agli occhi di lei rimaneva un vecchio amico con una vita piuttosto complicata, quei modi da intellettuale trasandato erano ben in contrasto con la rutilante e lussuosa realtà del mondo politico.

Per quanto riguardava lui, invece, come spesso accade agli uomini, era stato tutto molto più facile: quando l'aveva scorta tra il pubblico gli era sembrata bellissima, ne era rimasto abbagliato, illuminato. Così il suo discorso, a quel punto, aveva preso una piega inaspettata: aveva deciso di voler dare una lettura romantica dell'*Iliade*.

Sembra che lui fosse andato a cercarla, avendo chiaro che si sarebbero rivisti – non intendeva neanche chiederlo, bastava lasciare che accadesse. E lei gli aveva detto di sì senza smettere di guardarlo e poi, dandogli appuntamento per quello stesso pomeriggio, aveva soltanto aggiunto: ora la domanda è, il gin tonic chi ce lo fa?

E la domanda era capitale. È così, immagino, che era venuta fuori questa cosa degli dèi alle sei: perché di lì ai giorni a venire, oltre a tutto ciò che succedeva loro durante il resto del tempo, ogni sera si ritrovavano per l'aperitivo nel piccolo e raffinato albergo dove lei alloggiava. Il resto era quello che era, ma il gin tonic delle sei li riportava al piano di quella storia così indisponibile, eppure decisamente alta.

E allora lui le aveva raccontato di Auden e Kallman che passavano buona parte della loro estate a Ischia, dove ogni giorno prendevano due volte l'aperitivo (*twice*, avrebbero detto loro): alle sei e poi, di nuovo, alle sette. Così, pensando ad Auden, alla poesia e a tutta quella sospensione, per quanto forte adesso sentiva il suo amore per lei, gli era sembrato che il piano del divino fosse venuto ad abitare ciò che stava loro capitando. Se era stato così per Auden e Kallman a Ischia, che negli anni cinquanta doveva essere un posto meraviglioso, lo sarebbe stato anche per loro due in quei pochi giorni che gli erano stati concessi.

Ecco, immagino che le sue lezioni al Collège de France si basassero sulla convinzione che gli dèi sono partecipi, in modi spesso insospettabili, alle nostre vite. Mainardi era convinto che fosse necessario invertire il modo con cui pensiamo il divino: gli dèi non osservano dall'alto gli eroi combattere mentre prendono l'aperitivo. Ma entrano nei loro combattimenti, li affiancano, sono dentro di loro, si fanno pensare diventando i loro comportamenti più profondi. Proprio come Dionisio e Afrodite erano venuti ad abitare il gin tonic che, ogni sera verso le sei, prima di andare insieme in giro per la città, prendevano in quel piccolo albergo davanti all'isola di Saint-Louis.

Non c'è dubbio che il gin tonic abbia in sé qualcosa di trascendente: ecco, è lì che bisogna andare a cercare.

# Prima lezione

*L'inizio*

C'è sempre un inizio. E il punto di partenza in genere è un punto di equilibrio. Ma anche l'equilibrio, per forza di cose, cerca di affermarsi e quindi di espandersi. Viene il sospetto che la scelta migliore sarebbe restare in quell'istante dove tutto comincia, dove il Caos è nel momento di massima tensione. Come l'attimo prima che l'uovo venga scocciato nella casseruola mentre, volendo fare la stracciatella, il brodo sta iniziando a bollire. Poi l'uovo cade e alla tensione segue la sua frantumazione: comincia a rapprendersi. E così, per ogni volta in cui succede qualcosa di nuovo, ci sarà poi una contrazione, che tenderà verso un altro punto di equilibrio. Ecco: quel punto di equilibrio, quella tensione, è Nemesi.

Dunque questa storia inizia nel momento in cui Zeus si innamora di Nemesi – perché è ogni cosa a cominciare nel momento in cui Zeus si innamora. L'innamoramento è l'universo che inizia a dilatarsi, le immagini del mondo si susseguono una all'altra, il sole sorge, i fiumi scorrono, la nebbia si espande. Zeus si innamora e tutto si muove, il mondo comincia a cambiare. Bisognerebbe prendere il fatto dell'innamoramento molto più sul serio: quelle letture che lo limitano a una cosa irrazionale, adolescenziale e instabile, e che imputano a Zeus un comportamento ridicolo e lascivo, oltre a essere blasfeme ignorano cos'è che fa girare l'universo. Senza Eros dal Caos non verrebbe altro che caos. Allora è di Eros la spinta che fa cadere l'uovo, perché tutto sta nel fatto che prima o poi qualcosa possa finirci dentro a un brodo che, come il caos, sarebbe di per sé abbastanza noioso. Perché al contrario di quello che siamo abituati a pensare, ovvero alla confusione, il caos è piatto: è "il sole che splende senza possibilità di alternative sul niente di nuovo". All'inizio, per ottenere un nuovo ordine dal caos deve succedere qualcosa. Questo qualcosa è Eros, un mescolamento che arriva col buio, sottile e silenzioso come le sue ali: non lo si può vedere, ma dopo che è arrivato tutto comincia a cambiare, come una spaccatura, un'incrinatura in ciò che c'era. Quando ci innamoriamo il mondo si apre, come nel momento in cui il brodo comincia a bollire. Ecco, questa storia inizia quando Zeus si innamora di Nemesi: innamorarsi è un uovo che si rompe nel brodo.

Zeus è la giustizia, la pace, la guerra, il cielo, l'acqua, la grandine, la siccità, la nebbia, la luce, lo scintillio, l'immagine, la visione improvvisa, lo scudo che ci protegge o il fulmine che ci distrugge e, nello stesso tempo insieme a tutto il resto è l'equilibrio. Ma per tenere insieme tutte le cose che pensa gli occorre l'equilibrio delle loro forze: ciò che muove il mondo in una direzione o nell'altra deve stare in equilibrio, questo è il compito di Zeus. Zeus è il Cosmo in equilibrio dopo il Caos. Ma soprattutto Zeus è la mente, l'immaginazione: un'intelligenza sconfinata che riesce a pensare tutte le cose, espandendole, espandendosi e arrivando a coprire, pensandolo, tutto l'universo. È innamorandosi che Zeus espande il suo pensiero finendo per allargare l'universo, perché è arrivato Eros a rompere l'equilibrio mescolando tutte le cose.

L'innamoramento per Zeus equivale a tutte le possibilità della sua immaginazione: per ogni suo amore ci sarà una nuova creatura e una nuova possibilità; il mondo si espande tramite la sua intelligenza per via del fatto che lui si è innamorato e che la sua mente si sta allargando attraverso il suo essersi innamorato. Il che significa che dietro ogni immaginazione ci sono l'innamoramento e l'amore. Ma l'immaginazione deflagra come un'esplosione: e comincia a espandersi arrivando a contenere ogni cosa, la nebbia che si allarga e si trasforma fino a che non copre tutto. Anche in questo espandersi, nella metamorfosi della sua continua trasformazione, Zeus ha bisogno di equilibrio. Perché se il femminile, che è liquido, va contenuto, il maschile deve tenerlo in sé, limitandolo. Dunque l'innamoramento è deflagrante, investe ogni cosa, se non proprio violento sarà di sicuro invadente, straripante. Questa dinamica comincia a prendere senso, a trovare un suo compimento, nel momento in cui il maschile e il femminile sono in equilibrio tra il fuggire e il rincorrersi, tra l'espandersi e il voler contenere, l'essere fuggevoli e il farsi tenere.

Come l'immaginazione deve di per sé contemplare le multiformi e infinite vie della nostra mente, le possibilità dell'innamoramento devono essere sconfinate. I rapporti sono finiti, nel numero e nella durata, di norma se ne dà solo uno alla volta, ma non è così per gli innamoramenti. Zeus, senza porsi limiti (perché dovrebbe?), usa tutte le possibilità dell'innamoramento: d'altronde non sarebbe un dio se si negasse la facoltà di sconfinare nell'eterno. Così diventa necessario avere subito un altro amore e un altro ancora – continuare a pensarci, a vivere: e dilagare la propria immaginazione allargando i confini del mondo, volendo sondare qualunque profondità. Per Zeus il per sempre, l'eternità, non è delle relazioni, ma dell'essere innamorati: per lui per sempre significa continuamente. Ma innamorandosi continuamente Zeus ha continuamente bisogno di un nuovo equilibrio.

Prima del matrimonio con Era, Zeus ha altre spose che fondano la sua divinità. L'ordine con cui esse arrivano è del tutto indifferente; non sono amanti, ma vere e proprie spose – che lui assume a sé in un'unione di cui ha bisogno per farsi completare, come solo una sposa può fare. La prima è Temi, la giustizia. Irremovibile, Temi tiene in equilibrio l'universo; è legata alla terra e alla stabilità del suo punto di appoggio: è figlia di Gea e di Urano. Ed è il punto da cui Zeus può ottenere il suo equilibrio, da lei vengono le stagioni (le Ore) e l'ineluttabilità del tempo e del destino (le Moire). È la prima forma di equilibrio di cui Zeus si innamora e che assume in sé, è la saldezza necessaria a tutto il resto. Nessuno deve, né può, metterla in discussione: è la giustizia.

Poi c'è Meti, l'intelligenza, la sapienza. Se l'innamoramento è una questione mentale, Zeus si innamora della saggezza di Meti. E per lui diventa una questione di testa al punto che trova il modo di fare a meno del femminile: semplicemente lo inghiotte, lo interiorizza, lo fa proprio. Allora lei rimane incinta di Atena. L'intenzione sarebbe nobile (essere innamorati senza avere a che fare con il sesso) e porta a qualcosa di totalmente mentale: creativo, pianificato e quindi artistico. Però a Zeus viene mal di testa (il femminile è difficile da comprendere) e ne consegue un'intelligenza superiore e più ampia – un'intelligenza femminile: Atena.

A quel punto Zeus si innamora di Mnemosine, la memoria.

Anche la memoria è liquida, informe, e deve essere contenuta: diventa il modo con cui la mente di Zeus dà corpo alla bellezza del mondo, per come va mantenuta e, quindi, ricordata. Per nove notti l'inconsistenza del pensiero trova un senso nel letto di Zeus, a ogni notte viene concepita una forma d'arte. D'altronde il sesso è quella fluidità mentale che, se si è fortunati, trova una forma nella fisicità dei corpi. E così nascono le muse. Ciò che ottiene Zeus qui è di portare l'arte sul piano del divino: la filosofia, la scienza e la retorica, la storia (anche se resta da chiedersi perché agli dèi, nella loro eternità, interessi che di essa rimanga memoria), la musica, la tragedia, la poesia, la danza, la commedia, la narrazione e l'astronomia: ogni possibile forma del racconto. Dunque è questo che serve a Zeus, il racconto (quella che per noi è diventata scrittura), il poter raccontare. Sembra quasi che, dopo aver preso a sé la memoria, Zeus abbia offerto, nelle nove figlie che ha generato, il modo per poter dire l'universo che c'è nella sua mente.

### *L'uovo di Nemesi*

Ogni volta Zeus si innamora, e ogni volta ha bisogno di un nuovo equilibrio. Eros comincia a mischiare le cose, l'universo si espande, le stelle disegnano altre costellazioni, i pianeti muovono le loro forze gravitando l'uno sull'altro, e tutte queste tensioni si spostano verso un nuovo avanti che la mente di Zeus deve di nuovo concepire: ogni volta Zeus inghiotte tutto quanto e ogni volta la bellezza dell'universo deve essere contenuta. Al centro di questa dinamica c'è sempre Nemesi, perché non si può pensare di fare niente, meno che mai di innamorarsi, senza doverne pagare le conseguenze.

Nemesi è figlia di Oceano e di Notte: come tutto ciò che viene dal mare è bellissima (la si potrebbe confondere con Afrodite) e, come tutto ciò che viene dalla notte, è anche ineluttabile, è l'altra faccia della necessità. È in questa ineluttabilità che Zeus vuole perdersi: conquistandola e nello stesso tempo assecondandola. Non c'è niente come perdersi nella necessità di un amore che non potrebbe essere altrimenti da come è. Ma Nemesi è anche la conseguenza, la necessità, la vendetta: cioè la vendetta necessaria all'equilibrio, ciò che occorre per poterci arrivare. È l'idea che c'è sempre una conseguenza delle proprie azioni. E se nella vita tutto ha un prezzo, questo è vero soprattutto in amore: innamorarsi è una costante tensione verso un equilibrio che viene spostato avanti nel tempo. Se ti innamori prima o poi arriverà Nemesi a riportare equilibrio: ed è proprio per questo che ci si innamora, che ci si deve innamorare. Per le conseguenze che comporta. Dunque questa storia inizia quando Zeus si innamora di Nemesi, perché ha bisogno di una conseguenza, la reazione che riporta le cose in equilibrio: Zeus sa che bisogna passare per una guerra, ed è lei la guerra.

La guerra di Troia è necessaria alla morte di tutti gli eroi, giacché solo questo segnerà il passaggio all'epoca successiva, dove il mito diventerà la letteratura e gli dèi saranno nascosti al comportamento degli uomini. Non credo che la fine degli eroi sia di per sé lo scopo di Zeus, ma è il mezzo per ottenerlo: quello che gli interessa è soltanto l'equilibrio.

Di fronte all'amore di Zeus Nemesi scappa, perché una mente che comincia a espandersi nella sua immaginazione non ha niente di equilibrato, è anzi spaventevole. Zeus se ne innamora, gli basta un istante: e allora bisogna immaginarsi questa scena con la rapidità e la determinazione che comportano tutti i veri innamoramenti, la prospettiva della fuga che va di per sé concessa all'amore. Il mito racconta che Nemesi per scappare si trasforma in un'oca. In effetti l'oca è goffa, ma corre veloce, così comincia a fuggire e, per quanto stia correndo, nella sua fuga vola; il fatto che correndo muova le ali è importante: perché così sposta l'aria e abbraccia la terra. Zeus la insegue e inizia la più spettacolare di tutte le sue metamorfosi: non una sola, ma tutte quelle possibili. È come se passasse in rassegna l'intero creato, sembra stia facendo le prove, diventa ognuna delle possibili creature in una continua trasformazione. Le possibilità date all'amore comportano un passaggio attraverso diverse identità: non ha più importanza chi devo o non devo essere, se alla fine posso amarti.

Non credo che questa scena dica soltanto la possibilità della fuga e della cattura – il femminile che scappa e il maschile che lo rincorre. C'è qualcosa che va oltre. Nemesi nel correre sta muovendo l'aria e abbracciando la terra con la sua bellezza, ed è come se questa bellezza si espandesse. Zeus cerca di stare al passo – senza riuscirci. Così inizia le sue trasformazioni: passa in rassegna tutte le possibilità della bellezza del mondo, e dà forma a tutte le creature. Dal momento in cui Nemesi comincia a scappare, quindi a percorrere il mondo, Zeus ha soltanto lei in mente e comincia a vederla in ogni cosa. Amandola vede la sua bellezza riflessa dovunque perché ai suoi occhi lei è unica. Come ogni uomo vede la bellezza della sua innamorata, l'immaginazione di Zeus proietta la bellezza di Nemesi in ogni creatura, in tutti gli animali. Così Zeus si tramuta in ogni creatura fino a che, assunte le sembianze di un cigno, non riesce a possedere Nemesi, cioè a contenere tutta quella bellezza. E allora la mette dentro a un uovo.

L'uovo è la forma perfetta, perché è la creazione che contiene il creato, l'uovo è il contenimento della liquidità, è tutto: l'inizio e la fine, l'Eros e l'infinito tenuti nel finito.

Nemesi fugge, Zeus la rincorre e insieme si trasformano: questo movimento si compie dei suoi opposti, quando gli opposti si armonizzano e alla fine si incontrano – ciò che ne viene fuori è un uovo: qualcosa di finalmente stabile. Poi Ermes porta l'uovo di Nemesi fra le gambe di Leda, regina di Sparta. Così che quando Leda partorisce, ovvero l'uovo si schiude, ne vengono fuori due coppie di gemelli: Elena, Clitemnestra, Castore e Polluce. Due gemelli è di per sé un punto di partenza importante, ma quattro è ancora più alto, sottile: ma c'è una confusione di fondo: chi è stato partorito e chi è venuto dall'uovo? Quali sono i figli di Tindaro, il re di Sparta, e quali i figli di Zeus – quali mortali e quali immortali? Allora il bene e il male sono mischiati all'ingiusto: la fede, la forza, l'intelligenza e la bellezza si confondono. Qui c'è nello stesso tempo la verità e il suo simulacro.

## *La liquida bellezza di Teti*

Alla fine Zeus si innamora anche di Teti. Teti è il mare, pure lei figlia di Oceano e la sua liquidità, la sottile leggerezza dell'acqua, è la parte più femminile del femminile. Teti è di una tale eleganza nel suo vestito blu ed è così regale che la sua bellezza finisce per infiltrarsi nelle pieghe dell'anima riempiendone ogni spazio. Ma Teti è soprattutto la parte liquida della maternità e dunque la parte materna del femminile. Non c'è un modo di essere materni più di quanto non lo sia Teti con suo figlio Achille. La maternità è quella parte del femminile, mutevole e variabile, che gli uomini proprio non riescono a capire. Naturalmente ci sono molte altre cose che gli uomini non capiscono del femminile (quasi tutto) ma è soprattutto la maternità che li disorienta. Ma per quanto sia difficile intuire cosa veda Zeus in Teti e quindi cosa la sua bellezza susciti in lui, sappiamo che Prometeo lo aveva avvertito di quale velocità sarebbe venuta da quella liquidità: di quanto forte sarebbe stato il figlio.

Zeus è stato il primo a infrangere il ripetersi della violenta successione tra padri e figli, dunque sa bene quale problema c'è dietro. La questione non può limitarsi all'opportunità per i figli di evirare il padre o per il padre di inghiottire i figli: anche dopo Urano e Crono, e poi Crono e Zeus, il problema è rimasto intatto e irrisolto. Ogni volta che il padre cerca un altro innamoramento, un diverso amore, il figlio che succede cercherà di detronizzarlo, portando squilibrio. Ancora adesso è impossibile trovare un punto di accordo nelle questioni di successione: ma i grovigli legali intorno ai beni di famiglia ci riportano a ciò che Zeus voleva evitare in Teti. Zeus la vuole, ma ha paura di ciò che da lei può venire: quel figlio in particolare, che non è stato ancora neppure concepito, lo spaventa. La maternità mette in luce il vero problema del maschile di fronte alla liquidità femminile: la successione è in mani femminili. Zeus, che come tutti noi è sottoposto alla necessità di questo fatto, decide allora di far sposare Teti con Peleo.

Noi stiamo mettendo in scena un gioco di forze tra il maschile e il femminile, o piuttosto tra il maschile e le varie facce del femminile, ma non dobbiamo pensare al maschile come ciò che è dell'uomo e al femminile come ciò che è della donna – perché appartengono a entrambi anche se in misure ed equilibri diversi. Il mito non dice quali forze sono dell'uomo e della donna, ma quali sono nell'uomo e quali nella donna: in genere sono entrambe (maschile e femminile) in entrambi (donne e uomini). Dunque se l'innamoramento è maschile, è una questione mentale; non razionale, ma di quella parte della mente che riguarda l'immaginale, l'incoscienza, i sogni, la visione poetica del mondo – e appartiene a Zeus. Mentre tutto ciò che c'è di più importante è femminile: la giustizia, l'intelligenza, la saggezza, la memoria, l'arte, la stabilità, la vendetta, la famiglia, il possesso, il matrimonio, la fertilità, l'equilibrio, la bellezza, la passione, la gestazione, l'accudimento, l'organizzazione del lavoro, il controllo, la tessitura, la cucina, la crescita, le relazioni, la ricerca, la conquista e, soprattutto, la nostra anima. Ed è tutto questo che viene messo in gioco nel momento in cui Zeus si innamora.

## *Guerre e matrimoni*

Al matrimonio di Teti e Peleo parteciperanno tutti quanti gli dèi. Un po' come andare a una festa sul lago di Como dopo che la cerimonia è stata celebrata nella cappella di famiglia e trovare invitati i più importanti rappresentanti dell'*establishment* (per dire: il duca e la duchessa di Cambridge o alcuni divi del cinema molto influenti o certe popstar beneducate per quanto eccentriche) che bevono solo champagne e acqua di Nepi.

Ecco, è dopo che sono stati serviti gli aperitivi (sushi, tempura, prosciutto di cinta senese, ovoline di bufala fatte venire da Caserta, insalata di gamberetti caraibici, pane, burro olandese e alici della Liguria), che in uno dei tavoli più in vista comincia una discussione. Quel tipo di discussioni all'apparenza futili, come può capitare a chiunque di sostenerne con gente più o meno conosciuta e mediamente simpatica, dopo che fino a quel momento si era conversato della stagione sinfonica all'Accademia o dei campionati europei di calcio o delle migliori scuole per i figli (ma certo non di politica). A quel tavolo, tra gli altri, sono seduti Paride, principe troiano, e con lui Era, Atena e Afrodite. Non è chiaro come mai Era non stia allo stesso tavolo di Zeus (quello degli sposi) forse ha preferito tenersene lontana (da suo marito e soprattutto dalla sposa) o magari ha approfittato del tempo vuoto che si crea tra gli antipasti e i primi per alzarsi e andare a salutare qualcuno. La discussione comunque, riguarda cosa sia più importante per una donna, se l'intelligenza, la famiglia o il desiderio.

Quello che ci sta dicendo il mito è che la questione è femminile, squisitamente femminile, inerente al femminile e viene posta dalle donne nel tentativo di potersi orientare, districare nella complessità della loro medesima condizione.

In tutto ciò però Paride commette l'imprudenza di lasciarsi coinvolgere nella discussione a cui lo chiamano le tre dee. È giovane, lusingato di aver catturato la loro attenzione, si sente bello, forte, attraente, pensa di poter tenere il punto, forse ha bevuto troppo. Così, piuttosto che parlare dell'eleganza della sposa o di come il commissario tecnico per il girone di qualificazione dovrebbe usare meglio le scarse risorse umane che il paese gli ha messo a disposizione, accetta la sfida illudendosi (questa la sua vera e più profonda presunzione) di poter contribuire a risolvere la questione. Soprattutto crede davvero di riuscire a chiarire le idee di queste bellissime signore.

Bisogna cominciare a prendere in considerazione la possibilità che i conflitti economici dietro il dominio commerciale della città di Troia fossero soltanto una scusa, un facile espediente. Forze profonde e trascendenti (i veri poteri forti si muovono nella nostra anima prima ancora che nei palazzi) hanno finito per mettere in scena un altro tipo di tensione e criticità, di ben diversa portata. Lo scontro è quello tra Era, Afrodite e Atena.

Afrodite ha la meglio: l'amore, il sesso e la passione sono la cosa più importante, o per meglio dire la prima a venire scelta, ciò che ha maggiore evidenza, ciò che muove il mondo: le cose stanno così. Ma questo non significa che l'intuizione di Paride metta pace in questo conflitto, o che il resto della femminilità perda d'importanza e centralità: il matrimonio, la stabilità sociale, l'educazione dei figli, le cene con gli amici, i ricevimenti, gli aperitivi, la gestione della casa e la sua organizzazione, il lento lavoro di tessitura delle relazioni sociali, come di quelle all'interno della stessa famiglia, e poi il lavoro, l'intelligenza che occorre per l'organizzazione del lavoro, l'attenta e sapiente costruzione delle opere, il controllo sulla complessità del mondo: sono tutte modalità importanti che infatti non si sottraggono allo scontro. Quello che ci racconta l'*Iliade* è che sono aspetti del femminile in conflitto fra di loro e che necessitano di un loro equilibrio. Ma è un equilibrio instabile, messo continuamente in discussione: il mito ci dice che Era, Atena e Afrodite non smettono mai di combattersi, che non basterà la strage sulla piana di Troia per far loro trovare un accordo, e che i vari aspetti del femminile continuano ancora adesso a stridere. Il fatto invece che la disputa affiori durante il matrimonio di Teti e Peleo ci porta a pensare da una parte che il materno di Teti non sia parte in causa, ma nello stesso tempo lo scontro comincia proprio nel momento in cui lei si accinge a far valere la sua maternità. Se c'è un problema a far convivere l'organizzazione del lavoro, la stabilità della famiglia con la passione amorosa, questo non sembra coinvolgere la maternità, che non è parte della disputa. Ma nello stesso tempo è proprio la maternità a far emergere il problema.

Siamo abituati a pensare che la storia della mela sia un aspetto marginale, la fiaba per giustificare una guerra che, ovviamente, è una guerra economica: lo stretto dei Dardanelli, il conflitto tra l'Europa e l'Asia. Quelle economiche sono sempre letture chiare, limpide e in un certo senso gratificanti, la teorizzazione dei complotti riesce a trovare un'evidenza che illumina appieno lo scenario: segui il denaro è una verità che tiene comunque. Ma tiene in superficie e dice poco di ciò che accade davvero. La mediocre intelligenza dei complottisti vede soltanto gli interessi economici, ma ai complotti bisogna aggiungere una certa dose di sensibilità dello spirito, dal punto di vista di chi la combatte, quando si tratta di capire i motivi di una guerra, le religioni vengono generalmente prima delle economie.

Se il problema fosse soltanto la guerra tra i Greci e i Troiani, la storia sarebbe quella: combattono per la conquista di una città strategica che controlla delle vie commerciali e così finiscono per morire, uno a uno, più o meno tutti. Ma in questo quadro si intreccia l'umanità degli eroi: per ognuno c'è una storia che riesce a dare un tale spessore letterario alla faccenda da rendere il loro racconto il primo e forse il più grande di tutta la letteratura occidentale. La verità è che in questa storia, dietro allo spessore delle singole vicende, alla loro umanità, si nasconde ogni volta una qualche trascendenza: non c'è una sola azione di questa guerra che non abbia dietro di sé l'intenzione di un dio ad averla mossa. E questo non può che dare uno spessore e una consistenza di tutt'altro ordine a questa faccenda.

Per capire come gli dèi muovono gli eroi basta rifarsi al modo con cui il nostro inconscio ci determina nel nostro quotidiano. Difficilmente riusciamo ad averne una qualche consapevolezza, così continuiamo inesorabili a mettere in atto la scena che è stata scritta per noi sin dai tempi della nostra infanzia. Di fronte alla madre, al padre, al nostro amore, al sesso, alla passione, ai figli, alla morte, all'amicizia, al matrimonio, al cibo, facciamo quello che non dovremmo o che razionalmente non avremmo mai pensato di voler fare. È l'inconscio, dunque non ne abbiamo coscienza.

Allo stesso modo i personaggi dell'*Iliade*, almeno all'inizio del racconto, non cercano di avere consapevolezza di quello che accade loro. Forse più di noi, meglio di noi, sono abituati a riconoscere gli dèi che muovono le loro azioni, accettano che sia così: accettano la nebbia che comincia a coprire la visuale, la voce che dall'altro emisfero gli intima di agire, l'intelligenza che ferma il loro braccio nel momento in cui stanno per sguainare la spada, la visione di un qualche uccello nel cielo o un lampo del pensiero che li spinge a oltrepassare le linee nemiche e inoltrarsi nell'accampamento avversario. Non sono degli automi, ma fanno quello che devono, perché sono gli dèi a volerlo. Non è una condizione per noi facile da immaginare, ma credo che la cosa più vicina a cui possiamo riferirci è quella dei sogni. Loro agiscono come noi nei nostri sogni. Appunto non è una determinazione esterna alle loro azioni, ma una spinta inconscia, interiore e profonda. Se gli dèi muovono le azioni degli eroi, e questi non ne hanno che una cognizione superficiale, questo presuppone in un certo senso la mancanza di una coscienza, di un piano profondo, quindi, potremmo anche dire, la mancanza di un'anima così come noi siamo abituati a concepirla.

L'idea con cui ci dobbiamo confrontare, vedendo gli eroi così come si muovono su questa scena, è che non sembrano troppo interessati a discutere sulle loro azioni, preferendo di gran lunga agire.

La verità è che invece i personaggi femminili, qui, dimostrano molta più consapevolezza: innanzitutto Andromaca, nella brevissima parte che il poema le assegna, sembra aver capito bene quale destino l'attende; o persino Briseide che, mentre piange la morte di Patroclo, sembra saperne più dello stesso Achille. Ma soprattutto Elena: lei davvero ha le idee molto chiare su quali sono le forze che muovono la sua esistenza – riuscendo per altro a porsi sulla scena con una pacatezza e umiltà sorprendenti considerando che è la donna più bella del mondo, nonché la causa di questa devastante guerra. Se è vero che questo conflitto porterà alla fine dell'era degli eroi, e che è il femminile a causarlo, è ugualmente vero che soltanto il femminile potrà offrire agli eroi quella consapevolezza del sé necessaria a sopravvivere a una tale devastazione.

È Elena il vero motivo di questa guerra: o meglio, ciò che sin dall'inizio muove la necessità di Zeus e che porta Elena come conseguenza. Dunque non è lei la causa, ma lo è l'innamoramento di Zeus per Nemesi, quindi l'articolata totalità di ciò che c'è dietro alla bellezza di Elena. Quel rincorrere Nemesi per tutto il mondo raccogliendone la bellezza perché venga deposta in un uovo. Allora Elena non è la donna più bella del mondo, ma la bellezza del mondo in tutta la sua sfaccettata, contraddittoria e mutevole totalità, messa dentro una donna (ogni donna, tutte le donne).

Che la bellezza di una donna contiene di per sé la bellezza del mondo, è un'idea importante, un pensiero immediato, lo stesso che illumina il giudizio di Paride – perfettamente condivisibile nella sua luminosa forza. Ed è un pensiero che viene da Afrodite, appartiene alla dea dalle splendide vesti, dell'armonia e della passione: può essere solo lei a provocarlo (soltanto immaginare una cosa del genere, ci dice la presenza di Afrodite). Elena allora diventa uno strumento nelle mani della dea, il dono che porta con sé nel momento in cui la sappiamo riconoscere. Volendo esserle devoti (e volendole dare i giusti tributi) Afrodite ci porta a questo pensiero meraviglioso: il femminile contiene in sé tutta la bellezza dell'universo. Elena di Sparta, nata da un uovo deposto dalla necessità di Nemesi e fecondato dall'immaginazione di Zeus, ne è la più evidente espressione.

## *Un pranzo diplomatico*

Così potremmo immaginarla nel momento in cui tutto deve ancora cominciare, mentre dà disposizioni su come allestire la tavola per il pranzo a cui è stato invitato questo principe troiano che è venuto fino a Sparta per fare degli accordi commerciali con suo marito.

E mentre gli altri apparecchiavano lei aveva pensato che tutto era stato fatto perché suo marito e il loro ospite trovassero il modo di poter parlare tranquillamente. Perché a partire da ciò che si sarebbero detti durante la cena, nei giorni successivi uno stuolo di sherpa, funzionari, burocrati e impiegati degli uffici politici dell'una e dell'altra parte avrebbero messo a punto i loro accordi. Ma che la sostanza di questi colloqui portasse verso un conflitto o verso solide alleanze commerciali, dipendeva da quanto quei due si sarebbero o meno ritrovati ben disposti a parlare. Quindi dipendeva dalla cena. Ecco, tutto questo lei lo sapeva bene, era la sua parte nel gioco: è per questo che aveva pensato a coppe di gamberi e cetrioli e spuma di ricotta agli aromi, poi il sorbetto (al limone, è chiaro), una *bisque* di granchi e degli scrigni di Venere (poco più che crêpes ripiene di tagliolini con ragù e besciamella); quindi rombo in salsa di gamberetti e collo di montone impanato e cotto ai ferri (qui Menelao era stato irremovibile); insalatina all'Orientale, cicoria verde e carote alla *julienne*; aspic di frutta e muffin *à la Sultane*.

Quella stessa mattina si era fatta portare al mercato del pesce per trovare lei stessa i migliori granchi delle Antille per la *bisque*, e poi il rombo e i gamberetti: si era anche preoccupata perché aveva trovato dei granchi freschissimi, ma non abbastanza grossi e questo avrebbe voluto dire armeggiare molto di più perché ne venisse abbastanza. Il rombo invece era della giusta misura e i gamberetti così freschi che si era fatta convincere dal pescivendolo a mangiarne due crudi, lì al banco (amava così tanto l'umanità che c'era dietro alle persone che stavano lì al mercato). Insomma, già da quella stessa mattina e poi per il resto della giornata, tutto era fatto perché il loro ospite potesse sentirsi ben disposto nei confronti di suo marito. Quindi la buona disposizione dei loro animi dipendeva dai gamberi e dalla spuma di ricotta e dalla *bisque* di granchi e da come lei avrebbe accudito i commensali durante la cena e condotto la loro conversazione, mettendoli o meno a loro agio.

Trattandosi di una cena limitata a pochi invitati la sua presenza avrebbe dovuto essere pressoché impercettibile: esserci senza apparire. Le era capitato, non molto tempo prima, di trovarsi nell'incresciosa situazione di non poter contare sui suoi abituali e fidati camerieri, così aveva deciso di non mangiare insieme agli ospiti e servire lei stessa la cena: in questo modo avrebbe lasciato gli uomini liberi di parlare e discutere, capirsi, decidere. Alla fine della serata si erano complimentati con suo marito dicendo di come lei avesse incarnato il miglior modo per una donna di affiancare un re. Elena ne era rimasta divertita e quasi fiera: per il solo fatto di stare là, era riuscita a dare un'immagine del potere di suo marito che andava ben oltre la realtà. In ogni caso, che fosse o meno lei a servire a tavola, avrebbe dovuto comunque occuparsi di ogni dettaglio di quella serata, facendo però in modo che al momento opportuno la sua figura svanisse dalla mente degli uomini, lasciandoli liberi di dirsi ciò che andava detto nel giusto riserbo.

Lo stato metteva una considerevole quantità di soldi per ottenere quel risultato, solo quello: la loro nota spese mensile comprendeva aspetti quanto mai lontani dalle esplicite questioni commerciali o belliche (quindi economiche) che erano in gioco quella sera. E non stiamo parlando solo dei granchi o del rombo: anche la scuola (eccellente) dei figli, le vacanze alle Maldive, la palestra, l'allenatore, il suo guardaroba, per non dire della residenza, l'arredamento e i quadri che lei stessa sceglieva e a cui dava molta più importanza di quanta non facesse suo marito. Aveva brigato parecchio per far acquistare alla segreteria diplomatica un certo arazzo che aveva poi appeso in sala da pranzo: un'enorme mappa sormontata da una figura nera che assomigliava a una macchinetta del caffè – l'opera di un artista sudafricano che, almeno secondo lei, dava l'esatta idea di come il paese volesse collocarsi sul piano geopolitico. Tutto, dicevamo, per fare in modo che quel tale capo di stato, o principe, o alto funzionario, alla fine della serata fosse ben disposto ad accettare i piani commerciali che il loro paese voleva proporgli – e quindi a non dichiarare guerra. Il ruolo di Elena era in un qualche modo di sedurlo senza scambiare con lui alcuna convinzione personale o, per così dire, intimità intellettuale. L'unica cosa che contava era farlo sentire felice di se stesso. Lo stato spendeva una considerevole quantità di denaro affinché lei fosse bella oltre ogni ragionevolezza e suo marito potesse sedere all'altro capo del tavolo mostrandosi abbastanza forte, quindi capace di contenerla. Tutto si reggeva su di lei, il suo aspetto, la sua grazia, la sua intelligenza. E lei lo sapeva bene.

Adesso era tutto perfetto e lei impeccabile nella sua bellezza, ma le erano bastati pochi istanti per rendersi conto di come quel giovane principe troiano, subito dopo aver incontrato il suo sguardo, avesse perso qualsiasi interesse alle altre faccende. Delle complesse questioni economiche o politico economiche o geopolitiche o geoeconomiche o di qualunque altro tipo fossero, l'unica cosa che restava era lo sguardo di Elena: il suo viso e poi la linea che tracciava il suo vestito lungo i fianchi, la piega delle labbra, il tono della voce, gli occhi, le parole che diceva, i suoi pensieri, la sua anima, il suo bene, il suo amore. E mentre Menelao continuava a parlare, Paride la guardava e a lei sembrò di sentire con inspiegabile chiarezza ogni singola emozione che il principe stava provando. E quelle emozioni era lei a suscitarle.

Non le era mai capitato nulla di simile: così aveva finito per pensare che l'amore è davvero distante, distinto e distinguibile da tutto il resto. Non è conciliabile, non contempla alcuna parafrasi: non c'è un modo di affiancargli il resto delle questioni, il lusso, la ricchezza o il potere, la capacità organizzativa e strategica, la famiglia, la società, le scuole dei figli, o i bellissimi vestiti a fiori. Perfino l'arazzo di William Kentridge – che restava comunque tra le cose più belle che avesse mai visto – riusciva a tenere, adesso, rispetto alla sensazione che provava di fronte allo sguardo di Paride. Di come si sentisse amata. Elena capì subito che nient'altro nella sua vita era mai stato per lei altrettanto chiaro. E lo stesso stava succedendo per Paride: se lei avesse anche soltanto fatto un cenno col capo, lui non avrebbe avuto alcun dubbio su cosa scegliere.

### *Un antefatto dove non succede niente*

Come tutte le grandi storie anche questa comincia con un antefatto. È un antefatto in cui non succede nulla, ed è importante proprio per questo, perché non succede nulla. Ma non è come il Caos: qui le cose non succedono quando invece dovrebbero, proprio perché alla guerra e alla politica (che sono la stessa cosa) si chiede invece di farle accadere.

È da nove anni che i Greci assediano Troia, ma sembra che i comandanti non siano capaci di fare la loro parte. Si assedia una città per espugnarla e quindi distruggerla, allora viene il sospetto che, se non si progredisce sul piano militare, le strategie non siano adeguate. Però, sotto Agamennone, anche senza portare progressi alla conquista, i Greci continuano a razziare i paesi vicini e ad arricchirsi. Questa premessa è significativa, la guerra dura dieci anni, ma di dieci anni ce ne viene raccontato soltanto uno, perché è solo alla fine che accade qualcosa di veramente interessante (sul piano del racconto). In tutto ciò l'immagine che ne viene fuori è quella di una classe dirigente che non fa progredire il mondo. Un po' sembra quando Amleto chiede a Rosencrantz e Guildenstern se ci sono novità e loro rispondono "nessuna, signore, se non che il mondo progredisce e diventa migliore". Allora lui, sempre tagliente: "questo vuol dire che il giorno del giudizio è vicino, ma non so quanto la vostra notizia sia vera". Amleto ha una totale consapevolezza di quello che gli succede intorno, e sa benissimo che il mondo non sta affatto diventando migliore: sa anche che se la storia non progredisce è perché chi la governa è corrotto, e si sta arricchendo.

Nello stesso modo, mentre il mondo non progredisce e la campagna militare non porta ad alcun risultato, l'esercito greco continua a sfruttare il più possibile le risorse, diciamo così, ma rimane privo di una qualunque prospettiva politica, e non fa molto perché le cose cambino. Questa immagine dovrebbe farci riflettere: da questo punto di vista Agamennone somiglia abbastanza ai politici come siamo abituati a vederli oggi, che impostano tattiche, sovvertono i governi per farli ritornare, spostano le pedine sulla scacchiera, cercando di mantenere le cose esattamente così come sono. Nel frattempo, però, si arricchiscono: soprattutto fanno arricchire ancora di più chi è già ricco. Sembra quasi che la ricchezza in quanto tale (il profitto, l'aumento del prodotto, gli utili) sia ormai l'unica cosa al centro dell'azione politica. Ecco, Agamennone oltre a essere il comandante in capo dell'esercito è un re, dunque ha un particolare riguardo nei confronti della proprietà, non dimostra grandi capacità politiche o militari, ma nel frattempo continua ad accumulare denaro. Volendo riportare questa storia ai nostri tempi, è come dire che la nuova era ancora non comincia, sono trent'anni che non succede niente e il futuro stenta ad arrivare. Ecco: a questo punto arriva un'epidemia.

Il mito ci sta dicendo che l'epidemia è sempre una reazione a un atto di arroganza o di protervia, di presunzione: qui è la reazione di Apollo all'arroganza di Agamennone nel rifiutare il denaro che Crise gli aveva offerto per riscattare sua figlia Criseide. Io non penso sia tanto il fatto in sé – cioè che Agamennone non voglia privarsi della ragazza fatta prigioniera – ma il modo sbrigativo con cui tratta il sacerdote e lo caccia via. Sta bene dov'è, dice parlando della ragazza: a tessere una tela per me e a riscaldare il mio letto. Ma poi non resiste e rincara: non ti voglio più vedere nel mio accampamento, vattene o finirò per ucciderti – voglio sottolineare che si sta rivolgendo a un sacerdote: vattene, aggiunge, con quelle tue bende sacre, altrimenti neanche il tuo dio potrà salvarti. E adesso si sta riferendo ad Apollo.

Ecco, quello che succede è che Crise se ne va, e arriva l'epidemia. Credo che neanche se ne renda conto, Agamennone, ma è così preso da sé, e convinto del suo potere, da permettersi di offendere il dio contro cui si sta mettendo. Ancora peggio, lo ignora: per lui è come se non ci fosse. Per questo la reazione di Apollo è così spietata, tagliente e sottile. Perché Agamennone è arrivato al punto di voler ignorare gli dèi (cioè il sacro, e quindi il proprio limite). A me sembra chiarissimo: il potere, nel continuare ad arricchirsi senza alcuna prospettiva di progresso, diventa talmente arrogante da pensarsi più alto degli dèi. E questo provoca l'epidemia: l'arroganza e l'avidità, uno squilibrio tra le forze che governano il mondo.

Dopo nove giorni di epidemia, Achille convoca l'assemblea per chiedere ragione al suo comandante di quello che sta succedendo. Almeno nelle intenzioni di Agamennone questa non deve essere molto più che una riunione dove constatare (politicamente) lo stato delle cose. Non sembra la sede più opportuna dove prendere delle decisioni (assomiglia più a un'interrogazione parlamentare che a un consiglio dei ministri) e ciò che ci si aspetta è che Calcante faccia una relazione tecnico-scientifica (potremmo dirla così) sulle cause dell'epidemia. Possiamo forse supporre che l'epidemia, agli occhi di Agamennone, sia un inconveniente, un incidente di percorso: la fastidiosa interruzione di quello che per lui sta andando tutto sommato bene, cioè l'assedio, la guerra, le razzie ai paesi vicini. Le sue fortune continuano ad aumentare, e non c'è bisogno che vengano messe a rischio da una battaglia i cui esiti non sono affatto sicuri, ai suoi occhi non c'è motivo perché le cose cambino. Così è molto probabile che anche di fronte allo scoppio dell'epidemia lui non sia stato troppo reattivo: intanto sono passati nove giorni; ma a quel punto Achille ha chiesto di fare un'assemblea.

## *Achille*

Immagino si possa considerare Achille come un anticonformista (o quello che oggi si direbbe un anticonformista): cioè chi non ha una posizione privilegiata rispetto al potere, né incarichi particolari (a parte il fatto di essere il migliore tra i combattenti e di far vincere al suo schieramento quasi tutte le battaglie), ma soprattutto non gode di questo tipo di stima o di fiducia da parte delle alte sfere. Lui davvero non sembrerebbe capace di tessere quelle buone relazioni che potrebbero portarlo in alto sulla linea di comando – lì dove tessere buone relazioni è molto più importante che fare bene il proprio lavoro. Dopodiché, Achille non solo non usa il sistema, non ne sfrutta i mezzi o le modalità, ma se ne tiene alla dovuta distanza.

E soprattutto il suo rapporto con Agamennone sembra essere determinato da una cordiale lontananza – la cosa è reciproca: tanto Agamennone è felice di tenere Achille lontano dal potere, quanto quest'ultimo è ben contento di non dover avere nulla a che fare con il suo comandante.

Però è Achille a convocare l'assemblea, è lui a chiedere che venga fatta chiarezza sulla questione dell'epidemia. E lo fa anche se sarebbe molto meglio per lui restarsene nella sua tenda, isolato dal resto delle truppe (come è abituato a fare e come difatti farà di qui in avanti per quasi tutto il resto del racconto). Perché dunque non limitarsi a ciò che sembra la cosa più conveniente? Questa reazione mette bene in luce la complessità della sua personalità. Si sta mostrando molto più sensibile e attento di quanto l'egocentrismo e il narcisismo che lo caratterizzano farebbero credere. Questo dimostra che Achille è un personaggio irrisolto: se il suo temperamento è già evidente, avrà bisogno di altri ventiquattro libri per capire veramente chi vuole essere. Ciò nonostante, al contrario degli altri comandanti lui va all'assemblea con le idee molto chiare su cosa sta accadendo, e a causa di chi. Allora, volendo dare una lettura romantica di questi fatti, la contrapposizione tra Achille e Agamennone diventa centrale, perché racconta due modi diversi di guardare la realtà: uno realista, razionale e razionalista, finalizzato al potere, l'altro emotivo ed empatico, finalizzato alla coerenza con il proprio destino.

Dunque Achille arriva all'assemblea pronto a mettere in discussione l'operato di Agamennone, perché tutto ha un limite e quando cominciano a morire un po' troppi soldati arriva il momento di agire e di mettere da parte gli interessi particolari. Questo vuol dire che almeno per adesso Achille e Agamennone non si stanno scontrando sui loro tesori, i premi o il possesso delle schiave, ma sul modo di leggere i fatti. Sin da adesso, di fronte alla portata devastatrice dell'epidemia, Agamennone vorrebbe fare finta di niente; mentre Achille vuole mettere in discussione non tanto la leadership di Agamennone, quanto il sistema di valori su cui questa leadership si fonda. Proprio perché quel sistema di valori, per continuare a tenersi in piedi, deve per forza di cose ignorare la portata simbolica (e pratica) dell'epidemia. In tutto ciò ad Achille basta convocare l'assemblea: cioè che venga detto pubblicamente – dal sacerdote Calcante, quindi da un'autorità indiscussa – come la causa dell'epidemia sta nell'arroganza del potere di Agamennone. È su questo che deve concentrarsi la nostra attenzione: perché quell'arroganza era sotto gli occhi di tutti sin da quando, nove anni prima, la spedizione era pronta per partire, ma non c'era vento che le spingesse. O, ancora prima, quando Agamennone fece in modo che suo fratello Menelao sposasse Elena, decidendo di prendere per sé Clitemnestra.

## *Una chiara visione del futuro*

Ci sono dei momenti in cui la Storia si ferma, come se si accartocciasse su se stessa, increspandosi in un groviglio dove tutte le trame si incrociano per poi sdipanarsi in varie direzioni. Uno di questi momenti è quando Tindaro, dovendo trovare un marito per sua figlia Elena, chiama a Sparta tutti i principi Greci e questi, nella speranza di venire scelti da Elena, si legano nell'alleanza che li porterà alla guerra. Naturalmente è proprio in queste increspature della Storia che si insinuano la Necessità e gli dèi, e il matrimonio di Elena è la loro migliore occasione. Ma se il problema per Tindaro è di trovare un marito per sua figlia, dietro c'è sempre la Necessità, già di per sé insita in Elena, che sta cominciando a dare seguito al proprio corso. Difatti il re di Sparta è ben consapevole di quale problema sia far sposare la donna più bella del mondo. Visto che già Teseo l'aveva rapita, quando era ancora una bambina e i Dioscuri, gemelli di Elena e Clitemnestra, erano dovuti andarla a riprendere muovendo guerra contro Atene, la preoccupazione di Tindaro è ovviamente che se tutti la vogliono, soltanto uno potrà averla. Ma se solo uno potrà averla, gli altri continueranno comunque a desiderarla e, magari, a volerla rapire.

Però, nella mischia dei pretendenti che arrivano a Sparta, solo tre capiscono cosa c'è davvero in gioco e cercano di tirarsene fuori, tenendosi il più possibile lontani da tutta quella faccenda: Achille, Ulisse e Agamennone. Questo loro è un tentativo, ognuno per parte sua, di evitare la Necessità che Nemesi ha covato nell'uovo dentro cui è stata concepita Elena. Tutti e tre pagheranno abbastanza salata questa intenzione.

Per cominciare, Achille neanche si presenta insieme agli altri pretendenti: Elena non sembra interessargli, almeno per il momento. A lui non interessa altro che se stesso, così l'abbagliante necessità di Elena lo distoglierebbe dalla sua forza centripeta. D'altronde i loro destini devono restare paralleli, non possono né devono incrociarsi, meno che mai sovrapporsi. E questo Achille sembra saperlo bene, preferendo di gran lunga rimanersene a Ftia, la sua isola, tra la palestra, gli allenamenti e le lezioni di scuola dove può restare ben saldo al centro del suo regno, insieme a Patroclo.

Ulisse, sempre un passo avanti agli altri, nello stesso modo con cui evita Elena si innamora invece di Penelope, che ne è la cugina. Così, volendo conquistare Penelope, capisce di dover aiutare Tindaro a risolvere la questione dei rapimenti che per sua natura Elena avrebbe attirato. E gli offre tutta la sua intelligenza in cambio di un aiuto con Penelope: l'idea è come al solito geniale, tanto che finirà per intrappolare anche lo stesso Ulisse. Tindaro dovrà costringere tutti i pretendenti a un giuramento: chiunque sarebbe diventato il marito di Elena, gli altri sarebbero dovuti venire in suo aiuto nel caso, poi, fosse stata rapita. A quel punto nessuno fra quelli delusi avrebbe forzato la mano per sottrarre Elena allo sposo prescelto, e nel caso di un rapitore venuto da fuori, si sarebbero poi compattati in alleanza per difendere il nuovo re di Sparta. Gli equilibri erano (almeno all'apparenza) salvi.

E poi c'è Agamennone. Agamennone è un politico, quindi bisogna prima di tutto dare una lettura politica a quello che fa: e una lettura politica presuppone sempre una visione in prospettiva. Qui è un po' come se Agamennone sapesse sin dall'inizio che l'unica possibilità per garantire un futuro all'alleanza dei Greci è nella conquista di Troia, quindi tutto si deve compiere a partire da lì: dalla distruzione della città. Ma quello che succede nell'*Iliade* è che il re deve mediare – come dire – tra il cielo e la terra: per poter assecondare la Necessità un buon politico deve sapere che cos'è che vogliono gli dèi e questo si concretizza soprattutto nella capacità di guardare in avanti. Molto probabilmente Agamennone guarda il futuro nella stessa direzione dove sta guardando Zeus; e sa, sin dall'inizio, come tutto dovrà finire con la presa di Troia. La capacità di guardare in avanti e di ipotizzare il futuro è propria degli strateghi, difatti viene da Atena; è un talento, un tipo particolare di intelligenza, che può essere valorizzato, esercitato e ben utilizzato, ma non acquisito. Avere un'intelligenza politica non garantisce di per sé il fatto di farne poi un uso appropriato o giusto – i condottieri potranno indifferentemente essere dei grandi statisti o dei pessimi tiranni. Ma per comandare occorre una visione in prospettiva, anche e soprattutto nei momenti di maggior pericolo e incertezza. Non si tratta di prevedere il futuro (che se mai è una prerogativa del potere religioso) ma di immaginarlo, di volerlo pensare, di stagliarsi oltre il domani, ragionando sempre in anticipo sui tempi e quindi sul resto del mondo. Per il condottiero tutto sta nel sapere in quale direzione occorre volgere il proprio sguardo, e quindi dove dirigersi. Di fronte a Tindaro e al futuro sposo di Elena, Agamennone sembra avere sin dall'inizio un'idea molto precisa e politica di quello che deve fare. Guardando in quella direzione, in vista cioè della guerra, l'idea di Agamennone è di rafforzare il più possibile l'alleanza, quindi il suo potere: sposerà Clitemnestra e suo fratello sposerà Elena. In questo modo il legame tra Micene e Sparta sarà saldo e quindi l'alleanza dei Greci molto solida: lui diventerà il re più importante e il comandante in capo dell'esercito alleato. Quindi non sta cercando di schivare la necessità di Elena (come fa Ulisse) o evitando di tenerla in considerazione (come fa Achille): Agamennone vuole usarla a proprio vantaggio. Decide (o perlomeno dà l'idea di farlo) per Elena, per Menelao e per gli altri principi greci.

A questo punto il problema è che Clitemnestra è già sposata e ha appena avuto un figlio. E qui viene fuori la sostanza del potere che Agamennone rappresenta: cosa è disposto a fare uno statista per poter realizzare la sua visione politica? Avere una prospettiva può significare anche commettere delle azioni discutibili pur di arrivare a realizzarla: cose come comprare, corrompere, rinnegare i propri valori, passare sopra gli altri, sopportare enormi sacrifici o sconfinate umiliazioni: oppure uccidere un bambino.

Come è chiaro, un uomo politico che vuole lasciare il segno del suo passaggio non può schivare questo tipo di problemi: un grande statista non deve risultare piacevole o simpatico, ma deve prendere la giusta decisione al momento giusto, e quindi imporla. Agamennone, almeno da questo punto di vista, sembra essere un grande statista: pur di realizzare la sua visione del futuro è disposto a tutto, e lo sarà sempre di più. Andando avanti si vedrà se sarà in grado di portarla a compimento, ma intanto non si fa alcuno scrupolo e, per poter sposare Clitemnestra, va nel pieno della battaglia e uccide Tantalo, il marito. Poi torna da lei e, davanti ai suoi occhi, uccide anche il figlio appena nato.

La distruzione di Troia è un gorgo attorno a cui gira tutto quanto per poi finirci dentro: ogni evento sembra muoversi per poter poi arrivare a quel punto. Naturalmente più ci si avvicina e più quel tutto girerà veloce, ma ci sono eventi molto lontani (nello spazio e nel tempo – ammesso che il tempo su questo piano abbia una qualche importanza) che finiranno comunque per essere inghiottiti da quel gorgo e, quindi, per prenderne luce e significato. Scene la cui necessità è definita da come potranno poi portare a quella guerra. Il primo attore per molti di questi eventi è proprio Agamennone, e il suo sembra essere un tentativo per voler controllare quella necessità. Un po' come se si fosse infilato in questa faccenda convinto non solo che non ne sarebbe stato inghiottito, ma di poterne deviare la forza o la direzione. Non sarà così – fra tutti gli eroi Agamennone è quello che morirà nel modo peggiore, ucciso da sua moglie al momento del ritorno, proprio quando avrebbe dovuto raccogliere la grandezza della gloria (per un condottiero non è una bella morte quella che arriva per mano di una donna). Ma per adesso, per quanto non potrà mai dimenticare l'uccisione di suo figlio, Clitemnestra diventa la moglie di Agamennone ed Elena, sposando Menelao, la regina di Sparta. Poi però Elena fugge in Asia dimostrando, se ce ne fosse bisogno, che l'intuizione di Tindaro era giusta e la soluzione di Ulisse la più appropriata:

adesso i Greci dovranno tener fede al giuramento e muoversi in difesa di Menelao sotto il comando di Agamennone.

Succede spesso che la politica, quando si arena in una prospettiva che ha perso lucidità, cerchi di trovare scampo in una guerra. Così, da che Agamennone ha definitivamente instaurato la sua condizione di re, è arrivato al punto di dover cedere la sua prospettiva politica al mantenimento del potere. È più importante il disegno degli dèi (la necessità della fuga di Elena, l'ineluttabilità della guerra) o il controllo che lui riesce ad avere sull'alleanza greca?

Se il potere è la premessa per ogni prospettiva, e occorre per poter realizzare la propria visione politica, è anche incline a diventare fine a se stesso. Questo è il rischio di ogni uomo politico: perdere la propria visione del mondo pur di mantenere il governo, volgendo così alla tirannia. D'altronde stiamo parlando di uomini che cercano di deviare la necessità della storia, o il volere degli dèi, e che quindi non possono che muoversi su di un crinale tra la tracotanza e l'inettitudine. Agamennone ha un'idea molto chiara di come si potranno mettere le cose, e la sua capacità di leggere gli eventi in prospettiva lo deve aver preparato sin dall'inizio all'eventualità di questa guerra. Lui è di certo un grande statista e mostra buone doti da tiranno: il vizio della sua visione e la sua indole regale sembrerebbero chiare sin dall'inizio, ma è proprio nel momento in cui la guerra deve iniziare che la sua prospettiva si arena, alla lettera: non c'è vento e la flotta è ferma alla fonda, senza che possa succedere niente di tutto quello che la guerra deve far cominciare.

Bisogna immaginarsi questa enormità di navi pronte a salpare da Aulide per traversare il mar Egeo, che invece stanno ferme, senza un filo di vento che le possa muovere. Questa figura dell'immobilità, di un grande re che non riesce a far progredire il mondo come vorrebbe, diventa centrale. Attorno ad Agamennone le acque finiscono per immobilizzarsi, stagnano per mesi (o per anni) senza far succedere niente e dando l'idea che lui possa essere in realtà un politico incapace, o troppo presuntuoso. Ma stavolta, volendo interessarci ai motivi di questo impedimento politico, siamo costretti a passare attraverso l'infanzia – e l'innocenza. Perché a questo punto sembrerebbe che lui abbia ucciso un bambino per niente.

### *Tornare a scuola*

Dobbiamo provare a immaginare questa persona che potrebbe avere cinquant'anni, o poco di più, e che ha delle grandi responsabilità. Stavolta esce di casa abbastanza presto, è molto ben informato su quello che sta succedendo e quindi sa già che tipo di decisioni dovrà prendere nell'arco della sua giornata. In particolare esce dopo aver fatto colazione insieme alla moglie, ed essersi anche affacciato alla stanza del figlio, il più piccolo, ma stando attento a non svegliarlo, solo per vederlo dormire. Il figlio grande, invece, non lo vede da alcuni giorni, ma lui va al liceo, si parlano e si vedono poco, pensa ci saranno altre occasioni. Mentre sta uscendo dal portone lo chiamano al telefono per aggiornarlo sulla situazione: e la situazione è grave. Questo già lo sapeva, diciamo che adesso ne ha avuto conferma: bisognerà prendere delle decisioni drastiche, di cui neanche lui sa prevedere gli effetti, ma di certo non saranno indolori, comporteranno delle pesanti conseguenze. La sua agenda è già molto fitta, nella mattinata dovrà incontrare i suoi consiglieri più stretti, poi il comitato tecnico-scientifico, poi i responsabili dei ministeri più importanti e direttamente coinvolti nella faccenda, a quel punto ci sarà il consiglio dei ministri. Lì, se le cose andranno come devono e sarà capace di far valere il suo carisma, potrà imporre queste decisioni, prendendosene la responsabilità.

Alla prima telefonata ne segue una seconda, parla mentre passeggia davanti al portone, le strade sono ancora vuote, in giro non c'è nessuno, non fa neanche troppo freddo per essere marzo – ma gli uomini della scorta sono un po' agitati, se lui resta fuori dalla vettura troppo a lungo è molto più esposto. Stavolta la telefonata non dura molto, ma ne fa subito una terza: gli è stato detto che il presidente della repubblica ha chiesto di vederlo, perché riferisca la situazione di persona, così sta chiamando la sua segreteria perché aggiornino l'agenda. A quel punto gli viene chiesto dagli agenti di entrare in macchina, così si siede e mentre partono tira fuori un quaderno e una penna dalla sua cartella, prende qualche appunto. Nel frattempo sono arrivati al Quirinale, entrando da un accesso secondario – si tratta di un incontro informale e riservato – lui sorride perché gli è venuto da chiedersi se, vista l'ora, il presidente si farà trovare in pantofole e veste da camera. Invece l'incontro è piuttosto breve e cordiale, dura meno del previsto: il presidente gli ha offerto un caffè e lo ha rassicurato sulla legittimità costituzionale di quello che avrebbero dovuto fare. È un politico di lungo corso, il presidente: al costo di un caffè gli ha fatto sapere di conoscere perfettamente la situazione, di tenerlo d'occhio, di essere informato su cosa sta facendo, e anche di averlo voluto rassicurare. Adesso la sua giornata può cominciare.

Uscendo nel cortile e prima di rientrare in macchina, chiede alla scorta se, per raggiungere gli uffici del governo, possono cambiare percorso: sta chiedendo loro di allungare di un poco il tragitto, così da passare in un quartiere subito fuori dal centro storico – ma sono in anticipo di almeno venti minuti sulla tabella di marcia e a quell'ora non incontreranno traffico. Il fatto è che lui vuole passare davanti alla scuola di suo figlio, gli autisti e il capo scorta sanno benissimo dove stanno andando, ma non dicono niente, questa deviazione non dovrebbe creare dei problemi.

Mentre passano davanti alla scuola, lui prima chiede all'autista di rallentare. Gli sarà difficile incrociare il figlio, forse non vuole neanche vedere proprio lui, ma più in generale i bambini, tutti questi bambini che arrivano e si accalcano davanti al cancello aspettando l'apertura. E mentre li guarda solo per un istante, in un qualche misterioso modo, si sente più sereno. Così chiude gli occhi. La verità è che lui già sa cosa andrà a decidere nel pomeriggio durante il consiglio dei ministri, così come sa cosa succederà nei prossimi giorni, per quanto non riuscirà a tenere in nessun modo sotto controllo la situazione può, almeno in parte, immaginare le conseguenze delle sue scelte. Anche se ignora come potranno evolversi davvero le cose, sarà in peggio – e bisognerà vedere quanto peggio. In ogni caso domani chiuderanno le scuole: a seguire, dall'inizio della settimana successiva, anche tutto il resto, uffici, negozi, fino a impedire di fatto di circolare se non per questioni considerate vitali, eccetera, eccetera, eccetera. Non è importante sapere quali motivi hanno spinto a questa scelta, o cosa credono di ottenere in questo modo i suoi consiglieri, forse lui neanche se lo domanda: né si chiede per quale motivo, intanto, in mancanza di altre certezze, verrà comunque chiesto alle famiglie di tenere i bambini a casa. La verità è che si comincia sempre dai bambini.

Questo lui ancora non lo sa, ma di lì alle prossime settimane, nello stilare i protocolli che daranno ai cittadini indicazioni su quello che possono o meno fare, nessuno penserà più ai bambini. Dai suoi tecnici, giuristi, legislatori e costituzionalisti, per i successivi quarantacinque giorni, i minori non verranno presi in alcuna considerazione, non troveranno opportuno neanche nominarli per poter dire cosa proibir loro di fare, meno che mai concedere del tempo all'aria aperta o alla luce, la possibilità del gioco o di una qualche, se pur limitata, socialità. Nello stilare le regole e organizzare i comportamenti, verranno prese in considerazione le esigenze dei cani, che dovranno comunque essere portati fuori, ogni giorno, ma non sarà così per i bambini. Non potendo prevedere cosa il suo ufficio tecnico dovrà scrivere di lì ai prossimi giorni nei decreti del presidente del consiglio dei ministri o nelle circolari attuative del ministero degli interni. Ma ciò nonostante, lui in quel momento, potremmo dire un attimo prima che tutto quanto abbia inizio, si è sentito comunque di voler andare a vedere dei bambini entrare a scuola per l'ultima volta prima dei successivi sei mesi. Dunque fa fermare l'auto sull'altro lato della strada, non troppo distante dal cancello di ingresso: cinque minuti, dice all'autista e al capo scorta, e poi si mette a guardare attraverso il vetro oscurato della sua auto. E allora, come in un sogno, senza che troppe necessità governino la sua immaginazione, gli viene da pensare agli zaini, agli astucci e i grembiuli blu: le matite colorate, i pantaloni corti, le ginocchia sbucciate, le mani sporche, il naso che cola, le merendine, le pizzette, l'aranciata, le partite di pallone in cortile, uno due tre stella, il fantasma formaggino, il lupo mangia frutta, il bagno la sera con l'acqua lurida di nero e sapone, i biscotti Gentilini e la spremuta d'arancia, le tavolette di cioccolata, i pennarelli Giotto, i quadernoni con le copertine stracciate, le righe di terza e quelle di seconda, il corsivo, lo stampato maiuscolo e quello minuscolo, le penne cancellabili, i cartoni animati alle sette e venti, le orecchie alle pagine dei libri, le altalene, gli scivoli, il castello dove arrampicarsi e il parchetto alle quattro e quarantacinque, i soldatini, le bambole, i pupazzi e le figurine, i castelli fatati e le velette in tulle delle principesse o delle ballerine, le feste mascherate, le magliette della Roma, il pallone di cuoio e il Super Santos, le porte fatte con i maglioni, il picnic al parco, le capanne di rami e le corse a piedi nudi sul prato, la forma delle nuvole viste stando distesi per terra, il sole dritto negli occhi, il bagno nudi nel lago, il profilo delle colline all'orizzonte, i rami intrecciati degli alberi, un nido quasi sulla cima, il volo lento e altissimo dell'airone, il fitto del bosco, l'oscurità sconosciuta, lo sguardo attento di una cerva intravisto dietro il fitto dei rami... a quel punto, come svegliandosi di soprassalto, spalanca gli occhi e, mentre un brivido gli corre lungo la schiena: possiamo andare, dice.

### *Uccidere un bambino*

Viene il sospetto, a seguire l'ascesa al potere di Agamennone, che lui abbia un qualche problema con l'infanzia – o forse (ed è ancora più inquietante) è il potere in sé ad avere un problema con l'infanzia. Non si tratta soltanto del modo con cui si susseguono le generazioni al comando. Sono portato a credere che nell'infanzia ci sia qualcosa che disturba il potere su di un piano ancora più sostanziale: per come il punto di vista infantile, di per sé scevro da qualunque responsabilità o idea di profitto, finisce per pesare sulla coscienza adulta.

Possiamo tornare indietro e provare a immaginare Agamennone che, dopo aver ucciso Tantalo durante la battaglia, va per uccidere un bambino che non deve avere più di pochi mesi: ma se da una parte sappiamo bene come questo segnerà il suo destino, dall'altra sembra davvero che la necessità del suo potere debba passare attraverso l'infanzia – o più precisamente la soppressione dell'infanzia. La stessa scena, difatti, si ripete in una sostanza molto simile mentre la flotta greca è ferma sulle coste della Beozia, perché gli aruspici sono venuti a dire che, per uscire da quella stagnazione e far salpare la sua flotta, Agamennone dovrà uccidere sua figlia Ifigenia. Lui prima di tutto la fa venire da Micene dicendo a Clitemnestra che intende darla in sposa ad Achille – dimostrando di poter disporre non solo della mano di sua figlia, ma anche di quella di Achille. Qui salta agli occhi come Agamennone sia pronto a uccidere sua figlia, ma fra la sua determinazione politica e l'infanticidio che instaura il suo potere c'è una scena, all'apparenza marginale, che sottolinea la necessità insita dietro a questo sacrificio.

Il giorno prima della partenza, durante l'ultima battuta di caccia prima della guerra, Agamennone aveva tirato con l'arco a una cerva centrandola al primo colpo. Si era voltato per vantarsene abbastanza tronfio: guardate, aveva detto, tiro meglio di Artemide. Lui è un uomo all'apice del suo potere, si accinge ad affrontare la prova che consoliderà la sua gloria come definitiva, e questo è sufficiente al suo ego ipertrofico per potersi dire alto quanto gli dèi. Sembra di assistere alla caduta di un uomo politico (anche abbastanza capace) nel momento massimo della sua gloria, per un eccesso di presunzione, una battuta sbagliata, la facile vanteria che evidenzia tutta la sua inadeguatezza. Noi, nell'inconsistenza dove viviamo, siamo abituati a questi gradi di faciloneria, ne vengono fuori in continuazione, soprattutto quelli delle nuove generazioni che, in genere, fanno una pessima fine perché parlano più del dovuto. Ma quello che ci dice il mito è che se la fondazione politica del comando si basa sul rapporto con la trascendenza, gli equilibri di questo rapporto, i giochi di forza, vanno sempre tenuti ben presenti perché si basano sul sacrificio. Da questo punto di vista paragonarsi agli dèi, per non dire pensarsene migliori, non è solo blasfemo, ma inopportuno: significa aver delegato la propria funzione.

Ifigenia forse non è ancora in età da marito, ma lo diventerà di lì a poco, è comunque una fanciulla che non esitiamo a immaginare come bellissima e ha tutta l'aria di voler rappresentare, per Agamennone tanto il problema che la sua soluzione. Perché è proprio attraverso la figlia che lui può sbloccare la situazione, muovere il suo esercito, cominciare ad agire per arrivare a dimostrare la sua determinazione e regalità. Ma per questo sembra quasi che non riesca a vedere lo spazio (enorme) che passa tra il risolvere una questione politica e l'uccidere una bambina. Il fatto che sia la figlia, in realtà, non lo aiuta in questa mancanza di lucidità, perché è molto facile che la voglia considerare come una sua proprietà, qualcuno di cui può disporre liberamente. Questo non toglie nulla al fatto che dovrà comunque confrontarsi con lei: l'impressione, allora, è che lui stia sottovalutando la portata simbolica, quindi religiosa e (diremo oggi) psicoanalitica, del problema. Quando si tratta della tragedia greca, i cui personaggi uccidono i propri padri e vanno a letto con le madri come se nulla fosse, cose del genere succedono spesso, ma è proprio questa indifferenza che ha fatto la fortuna della psicoanalisi. Allora quello che bisogna far emergere è il rapporto fra Agamennone e la figlia, o meglio la mancanza di questo rapporto: è un po' come se il padre finisse per prendere in considerazione sua figlia solo quando è diventata per lui un impedimento: si accorge di lei nel momento in cui deve decidere di perderla (la sua non è una scelta, ma una decisione). Per salvare i suoi affari e la sua identità, oltre che la sua integrità, Agamennone deve rinunciare a Ifigenia: ma proprio nel momento in cui la va a prendere per portarla sull'altare dove andrà sacrificata, si rende conto di tenere a lei molto più di quanto fino a quel momento non avrebbe potuto immaginare. Difficilmente a Hollywood sarebbero così drastici, o spietati, e alla fine troverebbero il modo di salvare tanto Ifigenia quanto gli affari del padre, ma nel nostro caso Agamennone finisce davvero per portarla su quell'altare. E per ucciderla. Al di là del profilo tragico, è fondamentale che Ifigenia sia una figlia, che sia femmina, che sia la più piccola, la più bella e anche la sua preferita (la preferita è sempre la più piccola perché il più piccolo è sempre quello destinato a risolvere le cose). È proprio per questo che deve essere uccisa.

### *Artemide*

Già lo sappiamo, Agamennone commetterà lo stesso errore per due volte, ma la prima la sua arroganza va contro Artemide, e Artemide non è una dea come le altre, soprattutto nel suo rapporto con il maschile. C'è un'incomprensione di fondo tra Artemide e il maschile (ma piuttosto dovremmo dire che è il maschile a non comprendere Artemide), in ogni caso la reazione della dea è spietata. Alla stessa protervia, dieci anni dopo, Apollo risponderà mandando l'epidemia, Artemide invece chiede in sacrificio una bambina. Per quanto fratelli, e ugualmente freddi nella loro durezza, è chiaro come le due questioni abbiano una portata simbolica molto diversa. Ma perché Artemide non vuole perdonare quella che in tutta evidenza è una semplice caduta di tono?

L'affronto di Agamennone, viene subito da pensare, è nei riguardi del femminile in quanto tale. È un po' come se non resistesse a voler sottolineare che una femmina non può tirare l'arco meglio di un maschio, quindi sta negando l'importanza del femminile dal punto di vista del potere. Questo passaggio è sottile almeno quanto importante. Dieci anni più avanti, quando deciderà di sottrarre Briseide ad Achille, Agamennone penserà di nuovo di poter disporre per sé di una fanciulla, penserà di nuovo che il prezzo della sua visione politica va fatto pagare agli altri, e che la sua ricchezza e il suo piacere sono il giusto riscontro per il potere che esercita. E questo gli costerà il conflitto con Apollo, oltre che con Achille. Ma mentre lo scontro con Apollo è uno scontro dove il potere del re cerca di contrapporsi a quello del dio, con Artemide sembrerebbe esserci un'incomprensione ancora più radicale. Perché Artemide, al contrario di Apollo, è del tutto indifferente al potere, così come al sesso: non è una cosa che le interessa, essendo lei così affine alla natura, ciò che compete a un re non la riguarda. Ma è proprio per questo che agli occhi di Agamennone lei è la meno importante fra tutte le dee.

Una donna indifferente al potere e al sesso, dal punto di vista maschile, è inutile. Allora è forse questo il problema, perché Agamennone sta ignorando almeno metà del cielo (forse anche più che metà). Dea della caccia, Artemide è la natura nella sua purezza incontaminata, per questo non tollera che vengano uccisi i cervi o gli orsi, perché i cervi e gli orsi (così come gli elefanti o le balene) sanno essere indifferenti agli uomini, non sono neanche interessati a cibarsene, quindi diventano l'espressione più alta e imponente dell'importanza della natura rispetto all'umano. Agli occhi di Artemide, cioè del divino, uccidere un cervo è già di per sé un atto di arroganza, soprattutto se fatto con un atteggiamento di protervia, di sfida e non di riverenza, come invece i cacciatori sanno fare di fronte alla purezza del selvatico. Ma questa purezza, questa nudità della natura, Artemide la esprime, proprio come lo fa la natura, attraverso il pudore: la propria nudità è espressione di una purezza che deve restare incontaminata. Il mito racconta che Atteone scorge Artemide che si fa il bagno in un ruscello e si attarda nell'osservarla: con la stupidità del maschio, volendo forse capire ciò che non può essere capito, volendo possedere senza essere capace di contenere il senso magico del femminile, Atteone la sta violando.

Non credo che ci sia niente di più avverso ad Artemide di un uomo che cerca di impossessarsi di ciò che non capisce: così Atteone si ritrova tramutato in un cervo e, quindi, dilaniato da una muta di cani feroci. È chiaro che non se ne rende conto, ma mentre guardava la dea, nuda, nel bosco, stava vedendo l'anima del mondo, il piano più alto e nello stesso tempo più importante che il femminile possa esprimere. Forse avrebbe dovuto guardarla con l'attenzione e il rispetto richiesti alla poesia, cioè rendendo quella profondità all'anima, invece Atteone pensa all'unica cosa che interessa al maschile, il possesso, sia anche di una sola immagine – perché il possesso comporta il potere. Ma l'immagine è proprio ciò che Artemide non vuole concedere di sé, non deve essere di nessuno in particolare, essendo lei del mondo. Il pudore di Artemide esprime il senso dell'infinito che c'è dietro all'anima e trova forma nella natura. È nello stesso tempo qualcosa di fondamentale, fondante, e molto delicato – per come può essere inquinato.

L'anima e la natura in questo caso coincidono, ed è una coincidenza significativa in entrambe le direzioni: ci fa capire che stiamo violando la natura come violiamo l'anima e l'anima come violiamo la natura: in qualunque verso la guardiamo il risultato è disastroso. Fa un po' impressione constatare come in questo racconto gli uomini non riescono a comprendere cosa c'è in gioco: come per via del possesso e del potere ci stiano precludendo la possibilità di portare a noi l'anima. La devastazione che stiamo attuando nei confronti del pianeta nasce da una mancanza di rispetto per il pudore che necessita la natura: vogliamo vedere tutto, conoscere tutto e, a quel punto, impossessarci di tutto: ma il risultato più profondo, oltre a quello climatico, è la perdita di orientamento per la nostra anima, perché l'anima ha bisogno di rispecchiarsi pudicamente nella natura – e non di possederla.

Allora, volendo tornare a chiederci perché il potere ha così tanta paura dei bambini, bisogna aggiungere che Artemide è la natura ma è anche a protezione dei neonati e dei cuccioli, quindi dell'infanzia. È proprio nell'infanzia, e nel pudore infantile, che si segna il momento di massima presenza dell'anima del mondo per quanto riguarda l'umano – e la disattenzione del potere nei riguardi dell'infanzia è la stessa disattenzione nei riguardi dell'ambiente.

È in questo modo, mi viene da pensare, che Artemide è vergine: la sua non è una scelta che mira a contenere o delimitare i rapporti, come accade ad Atena, ma l'esigenza di rimanere fanciulla: lei non vuole diventare del tutto donna in modo da poter preservare ancora di più l'infanzia. Questa protezione acquista allora un'importanza centrale: bisognerà ribaltare la visione dell'infanzia come di una mancanza, di uno stadio adulto non ancora raggiunto, quando ha invece in sé qualcosa che va irrimediabilmente perso. È questo che Artemide sta proteggendo, ed è proprio quello che il potere non riesce a capire, che si rifiuta di cogliere: l'infanzia è di per sé la negazione del potere, dell'utilità, del profitto e della responsabilità. Però Artemide è, nello stesso tempo anche la fertilità, una fertilità in potenza, non la fertilità della terra ma quella della luna, una fertilità fine a se stessa o senza un fine: appunto, il femminile senza il potere e senza il sesso. Le due cose – infanzia e fertilità – in Artemide sembrano coincidere: così l'infanzia appartiene al femminile e non può che rimanere nella delimitazione del femminile. Nel suo voler preservare la propria verginità sembra che Artemide voglia sottolineare appunto la possibilità del femminile di fare a meno degli uomini. Mentre Atena si pone sempre a protezione degli eroi, Artemide non vuole avere alcun rapporto con il maschile ed è chiamata a proteggere le eroine, le fanciulle o le donne offese e minacciate – e quindi i bambini.

Ma perché, allora, Artemide chiede ad Agamennone il sacrificio di sua figlia Ifigenia?

Quello che ha a che fare con il divino non sempre implica la spiegazione che ci sembra più logica, né segue una sequenza di cause ed effetti: la logica del divino è la stessa dei sogni e della poesia, frammentaria e incoerente. Artemide non sembra interessata a una reazione nei confronti di Agamennone (a questo ci penseranno al momento debito Clitemnestra o Cassandra – altre donne). Artemide sta mostrando ad Agamennone l'importanza di ciò che le compete: visto che lui non è in grado di capire cosa sono l'infanzia e il femminile, glieli sottrae. Sembra quasi che voglia reagire all'offesa di Agamennone arginandone la visione maschilista e misogina, e sapendo benissimo in quale modo il re di Micene tiene in considerazione le donne e i bambini: così gli sottrae la figlia chiedendola per sé in sacrificio. Non è una pena, è una conseguenza. In realtà Artemide sta salvando Ifigenia, sottraendola a suo padre.

Che Agamennone non dia valore al femminile è chiaro, non ci stupisce: il potere insito di per sé nelle donne è così smisurato che nessuna forza maschile può mettervisi a confronto. Ma ciò che nasconde l'infanzia e di cui Agamennone ha timore (tanto da essere pronto a sacrificare la figlia) è più sottile e difficile da comprendere. Questa è una contraddizione che emerge spesso, e continua a emergere ancora adesso: non appena il potere comincia a corrompersi, mancando di prospettiva e diventando fine a se stesso, la prima cosa che cerca di sacrificare è l'infanzia (mandando in rovina la scuola, l'educazione, la formazione, gli asili nido, i parchi giochi, le politiche per la famiglia, il supporto alle madri, le borse di studio, gli insegnanti e soprattutto i maestri). In questo senso Agamennone fa meglio e fa prima, su di un piano simbolico e anche su quello più direttamente politico: si dimostra pronto a uccidere sua figlia. La conseguenza è la peggiore che si possa immaginare, perché un mondo senza infanzia è un mondo senza prospettiva. E il potere, a quel punto, diventa davvero fine a se stesso, senza vergogna, né alcun pudore.

Ma la dea, che è spietata nelle sue azioni, mette in evidenza la reale impotenza del potere, fermando il vento e le maree (Artemide è la luna) così che la flotta greca non riesce a partire. Quando poi Agamennone si deciderà a uccidere sua figlia, la dea solleverà Ifigenia dall'altare scambiandola con una cerva, e la porterà via rendendola una sua sacerdotessa. Dal punto di vista di Artemide l'effetto sul potere e sul maschile in tutto il suo splendore (finto) fallico, è quando mai chiaro: una flotta immobile, una guerra che non comincia, un'impresa che non può essere portata a termine, uno sdipanato succhiello.

## *Inutili discussioni*

All'inizio degli anni dieci di questo secolo, quando New York concentrava su di sé buona parte della vita culturale del nostro Occidente, sembra che la giusta occasione per incontrare artisti e intellettuali fossero le feste per bambini. Magari è solo una di quelle leggende su Thomas Pynchon che, per quanto non volesse frequentare l'ambiente letterario o editoriale, non era riuscito a sparire davvero dalla circolazione (come invece aveva fatto Salinger). Ed era stato più volte visto a qualche festa di compleanno dove era andato per accompagnare il nipote. Così mentre i più piccoli di là cercavano di attaccare la coda a qualche asino di cartone o prendevano a bastonate un coccio pieno di caramelle, in salotto poteva capitare di trovare i più importanti nomi del mondo letterario o della drammaturgia o del cinema indipendente che si intrattenevano in discussioni abbastanza inutili. Sembra che sia stato in una di queste occasioni che Giorgio Stern abbia affrontato con Harold Bloom, Susan Sontag, uno dei due Cohen e Roger Deakins la possibilità o meno di girare una nuova versione dell'*Iliade*. Lui era più che altro un fotografo e la sua esperienza cinematografica era in realtà marginale, ma aveva le idee molto chiare a riguardo. Certo, si trattava di chiacchiere tra addetti ai lavori intorno al budget necessario per una produzione indipendente – niente a che vedere con l'*Helen of Troy* che nel 1956 Robert Wise fece produrre per metà con dei colossali apparati in Anatolia e per il resto a Cinecittà sotto poderose mura di cartone. Ma anche volendolo limitare a un esercizio speculativo, la questione rimaneva sostanziale: si possono rendere gli dèi sul grande schermo? Come è evidente, non era una questione solamente cinematografica.

Harold Bloom, dall'alto della sua quota letteraria, si era mostrato perplesso: non occorre essere dei filologi per capire che gli dèi dell'Olimpo non vanno considerati delle macchiette umanizzate – prima ancora che blasfemo sarebbe una grossolana mistificazione. Dunque si trattava di elaborare un pensiero tutto sommato semplice: i Greci non vedevano i loro dèi se non attraverso certe manifestazioni della natura, quindi era una questione di luce. Certo c'era l'escamotage della nebbia, che è poi quello usato dallo stesso Omero, ma la verità è che la prima e sostanziale manifestazione del divino è sempre attraverso la luminosità del cielo. Il problema era tutto lì. Allora, volendo davvero fare una trasposizione attendibile, il regista avrebbe dovuto impostare le scene mettendo tutto nelle mani del direttore della fotografia, e gran parte del lavoro sarebbe stato nel giusto modo di far cadere la luce sul set. Si trattava, insomma, di affidarsi alle previsioni del tempo – non esattamente quello che si dice una produzione a basso costo.

Ne venne fuori che se per Ares sarebbe andato bene un vento da sud carico di polvere e sabbia, così da rendere l'aria infuocata e la luce rossa, per Zeus era invece necessaria una giornata dove la limpidità dell'aria e l'altezza delle nuvole sulla linea dell'orizzonte rendono chiara la prospettiva e netta la distanza tra il cielo e la terra. Ma più di tutto il resto c'era da preoccuparsi della luminosità di un cielo apollineo. Considerando che è Apollo a muovere il sole e illuminare la verità, la sua presenza avrebbe richiesto quel tipo di luce tersa che si manifesta dopo che il vento di tramontana ha spazzato via qualunque impedimento, quando cioè ogni cosa viene mostrata nella sua più nitida essenza, e dove tutto appare per quello che è.

Sembra che su questo punto, cioè sulla luce di Apollo, sia Stern che Roger Deakins si fossero un po' arenati, per non dire incupiti, e la questione cinematografica si fosse allora chiusa lì. Ma Stern deve essersi ricordato di quella discussione e delle idee che ne erano scaturite molto più avanti, quando pubblicò su *Life* una serie di foto sui primi mesi dell'epidemia. Si trattava di scatti abbastanza particolari dove, in un misto di tecnica e ispirazione, era riuscito a tenere quasi sempre fuori fuoco le poche persone che in quel frangente vivevano la città, lasciando tutto lo spazio agli scenari vuoti e desolati. E almeno lì, o così aveva cercato di spiegare, il tentativo era quello di cogliere, prima ancora che la città svuotata o le file fuori dai pronto soccorso, la straordinaria luminosità del cielo.

## *Apollo*

Ci sono molti modi di spiegare una certa luce in termini meccanici (o meccanicistici): il vento, il comportarsi o meno a dovere delle isoterme e delle isòtere, in quale normale rapporto la temperatura dell'aria sta con la temperatura media annua: oppure il diradarsi dell'inquinamento della nebbia e dei pulviscoli. Ma la verità è che un cielo semplicemente luminoso rischia di confonderci: nasconde un dio che non limita la nostra visione del cielo, non si mostra nell'evidenza di nubi nere o di una folgore, ma in questo modo potremmo illuderci di essere noi che riusciamo a vedere le cose con una maggiore chiarezza. Che si tratti della nostra intelligenza. Il fatto è che questa capacità non ci appartiene, ma viene da Apollo e allora stiamo confondendo la nostra conoscenza con ciò che viene da un dio.

Riconoscere la presenza del divino per mezzo della luce è una pratica desueta, ma ciò non dipende dalla poca sacralità dei nostri cieli: non sono gli dèi a mancare, siamo noi che abbiamo smesso di cercarli, di volerli vedere: credo si tratti più che altro di poca attenzione. Il cielo è di per sé numinoso, continua a esserlo, e ci mostra comunque la sua trascendenza. Allora il nostro inquinamento nei confronti di Apollo è prima di tutto mentale: perché gli dèi si limitano a mettere in mostra loro stessi, ma così facendo chiedono, esigono, di essere riconosciuti. Con il solo fatto di esserci, mettono in luce l'incompletezza della nostra logica, la sua insufficienza: Apollo, con la sua accecante luminosità, ci mostra l'incapacità di poter capire. Pensiamo di poter controllare tutto, conoscere tutto, spiegare tutto e, quindi, di poter fare ciò che vogliamo attraverso la nostra conoscenza: il risultato è un virus che sfugge a ogni controllo. Come sempre per gli dèi, la cosa peggiore è volerli ignorare: non offrire loro i giusti tributi.

Quando Omero descrive il modo con cui l'epidemia, cioè Apollo, arriva a colpire l'accampamento greco dice questa cosa, che "avanza come viene avanti la notte: senza farsi vedere, inesorabile: colpisce da lontano con le sue frecce aguzze e con una specie di tintinnio, prima gli animali, i muli e i cani veloci, poi comincia a scagliarsi anche contro gli uomini". Il morbo è silenzioso, invisibile e velocissimo: non lo scorgi né puoi fermarlo. Il numero delle vittime continua a salire e bisogna tenere i roghi accesi per bruciare i morti (un po' la stessa immagine dei camion dell'esercito che portano via le bare). È evidente sin dall'inizio la totale mancanza di controllo da parte dell'uomo sulla malattia, quindi la spietata volontà del dio.

Il fatto allora non è poter disporre o meno di conoscenze scientifiche, efficienza tecnologica o capacità di informazione per controllare l'esplosione delle epidemie, ma ammettere a se stessi che non avremo mai conoscenza, tecnologia e informazioni sufficienti. E viene il sospetto che Apollo porti le epidemie proprio per sottolineare la nostra protervia e la nostra inadeguatezza, costringendoci a isolarci interrompendo il nostro vivere, senza più intorbidire l'aria, perché è solo in questo modo che riusciremo finalmente a vedere la sua luminosità. Può essere atroce dover restare chiusi in casa mentre tutto fuori risplende di una luce meravigliosa, come le strade restano vuote e i corvi, le volpi o i cervi cominciano a impossessarsi delle nostre città: ma può darci una misura molto chiara dei nostri limiti, di ciò che possiamo o non possiamo sapere o fare. La presenza di Apollo è da temere, perché alla fine ci sta dicendo le cose come sono.

Apollo è il dio della conoscenza, della luminosità, di ciò che viene svelato, portato alla luce, compreso. Nella limpidità del cielo, così come ci appare, cristallino, ci fa vedere la verità. Ma Apollo è così luminoso che diventa difficile orientarsi per poterlo capire. Se il suo primo attributo è l'intelligenza, la verità è che la nostra intelligenza non potrà mai contenere la sua: non possiamo afferrare la sua mente, quindi interiorizzarlo, riportarlo a noi. È lui che guida i nostri pensieri sul mondo, la nostra capacità di interpretare e quindi di comprendere le cose, non il contrario: lui ci dice cosa conosciamo e cosa abbiamo capito, cosa ci è stato illuminato. Il problema è che di solito siamo propensi a ritenere che la nostra intelligenza ci appartiene, proviene da noi e non da un dio: dunque è molto facile commettere nei confronti di Apollo il peccato di superbia – una presunzione grave che lui è particolarmente severo nel voler punire. Questa presunzione (o arroganza) è quella di Agamennone che pensa di tirare con l'arco meglio di Artemide o che scaccia il sacerdote e lo minaccia dicendo che neanche il suo dio potrà salvarlo. Credere che il pensiero razionale o la scienza possano arrivare a farci comprendere tutto quello che accade proprio nel momento in cui si scontra con l'evidenza di ciò che ancora non conosciamo. Apollo, allora, è il dio della purificazione, il suo compito è mostrarci quanto siamo inadeguati per voler accedere al sacro.

Alla sua nascita, Apollo chiede due attributi, l'arco e la lira. E poi di poter rivelare il volere di Zeus. Dunque la sua vera vocazione è quella della divinazione: ma per farlo deve usare i suoi due strumenti, simili ma distinti. L'arco è la lucidità del potere, la morte, la freddezza della distanza. È lo strumento della purificazione, usato per limitare ciò che negli uomini minaccia l'integrità della trascendenza, inquinandola. Infatti Apollo e Artemide sono gemelli: inquinare o contaminare la natura è la stessa cosa che inquinare o contaminare il sacro. La lira invece è opposta e complementare all'arco, è lo strumento che Apollo deve usare per arrivare alla poesia, cioè per svelare la sua divinazione. Ma a lui non è data nessuna lira, non all'inizio, la lira non è sua.

## *Illuminare l'oscuro*

Apollo avrebbe una vocazione monoteistica, vorrebbe bastare a se stesso come unico Dio – bello e luminoso – che ci offre un'unica visione delle cose, la sua. Il vero problema, allora, come per tutti i monoteismi, è nell'oscurità. Perché per portare alla luce ciò che è oscuro, bisogna affacciarcisi dentro, averne accesso – e Apollo nell'oscurità non sembra stare a suo agio.

Stiamo parlando di quell'altra metà che è di Dioniso e soprattutto di Ade (ma, come ci fa notare Eraclito i due spesso si avvicinano fino a coincidere): la profondità dove risiedono i sogni, l'immaginazione, il guizzo, l'intuizione poetica, la follia, il buio, la notte e anche l'eros. D'altronde la conoscenza tende ad allargarsi, a superare se stessa, non concepisce la possibilità dell'ombra, di un lato che sfugge alla sua vista, allora Apollo si fa interprete, interprete dei sogni e dell'oscuro. Ma interpretare, portare alla luce, non significa rendere luminoso o razionale: e Apollo rimane basito di fronte a questa persistenza del buio.

È in fondo quello che succede con i sogni: nel momento in cui li interpretiamo, cerchiamo di capirli, svaniscono nella loro più vera essenza emotiva, quello che provavamo nel sogno (la bellezza, l'eros, l'emozione, la paura, l'ansia o la pace), finito il sogno svanisce. Non basta parlarne o scriverne ingabbiandoli in una griglia razionale. Scriverli ci permetterà di ricostruirne la memoria, al limite di estrapolarne un qualche significato, ma la densità emotiva sarà comunque perduta. Ciò che è buio smette di essere buio nel momento in cui lo illuminiamo, dunque non potrà essere visto nella sua essenza, ma solo percepito e ricordato nella sua percezione. Non a caso Apollo è interprete dei nostri sogni – non è lui a portarceli, a istigarli, questo è compito di Ermes – ma è lui che ci permette di comprenderli (il dio della psicoanalisi). Il vero compito di Apollo è di portare alla luce la poesia, che nasce, come i sogni, nel profondo e nell'oscurità.

La contrapposizione che ci viene offerta tra Apollo e Dioniso fonda la ricerca filologica e ancora di più la filosofia: non possiamo capire il mondo greco senza cogliere questa contrapposizione, e forse non possiamo capire il mondo in generale, tantomeno noi stessi, senza partire da lì. Ma non c'è nessun mito che metta in scena un conflitto fra i due fratelli: sono due personaggi così carismatici che è difficile tenerli insieme sul palcoscenico. Così restano due modi diversi di vedere le cose: governano sfere differenti delle loro influenze – e ci viene spiegato che troveranno un equilibrio solo nella forma della tragedia e uno sfogo nel discorso filosofico. Ma nel racconto mitologico la storia di Apollo non si incontra con quella di Dioniso (nell'*Iliade*, poi, Dioniso non compare affatto, se non forse nascosto nella musica delle canzoni di Achille per Patroclo, nella folle ebbrezza del loro rapporto, o nella visceralità dei sogni di Achille e di Agamennone). Tolto questo, chi nel mito incontra entrambi questi dèi, quasi facendo da collegamento, è Ermes. Da una parte aiuta Dioniso a nascere, quindi a venire fuori, a esprimersi, emergendo dalla coscia di Zeus; dall'altra si spartisce l'influenza e la pertinenza nel mondo con Apollo, proprio nella sua capacità di mediare tra il profondo e la luce. Al centro di questo rapporto, del gioco delle parti tra Apollo ed Ermes, c'è la lira che è lo strumento della poesia, e che porta alla luce l'ebrezza dionisiaca dell'intuizione poetica. La lira è come un arco, con più di una corda (quindi sono quasi la stessa cosa), ma nello stesso tempo vanno in direzioni opposte: se l'arco è lo strumento che serve al distacco, la lira serve alla profondità, o ancora meglio, a raggiungere il cuore nascosto e invisibile delle cose. Per questo Apollo è così importante (e così complesso): perché volendo tenere tanto l'arco che la lira come suoi attributi è costretto alla sua stessa contraddizione – dice Eraclito: "come disgiungendosi con se stesso si accorda: una trama di rovesciamenti". Ma ci deve arrivare a questa armonia d'inversioni, perché se l'arco è da subito il suo strumento, la lira è di Ermes, è stato lui a inventarla.

### *Ermes e le vacche di Apollo*

È proprio mentre, appena nato, va per rubare le vacche di Apollo che Ermes, nel pieno della notte, trova una tartaruga, la uccide e quindi si ingegna nel volerne trasformare il carapace in uno strumento musicale. Qui sta già emergendo il confronto e il conflitto con suo fratello: Ermes agisce di notte, si incammina verso le stalle mentre quell'altro dorme, e poi escogita tutta una serie di trucchi e finzioni per portargli via le vacche. È importante perché per prendergli le sue cose, come sempre i fratelli minori cercano di fare a quelli maggiori, lui sta inventando la finzione e l'inganno – che sono una cosa differente dalla menzogna e dal sotterfugio dei potenti, anzi sono all'opposto: qui è l'immaginazione che scardina il potere. Tuttavia Ermes, come si dice di certi studenti, è intelligente ma non si applica. Nella sua velocità, sottovaluta la capacità di Apollo di vedere ciò che è nascosto (e quindi anche i suoi inganni). Così viene scoperto e portato al cospetto di Zeus, che a questo punto entra in scena con tutto l'equilibrio del padre disposto dall'alto della propria autorevolezza. Qui c'è davvero lo sguardo del padre che ascolta ognuno dei suoi figli e nell'ascoltarli li riconosce, quindi definisce la loro identità e i loro attributi.

Se Ermes vuole trovare il suo posto nel mondo e non può che farlo a discapito del fratello maggiore, Apollo deve difendere la sua scomoda posizione di primogenito. Ma quello che conta qui è il modo con cui Zeus gestisce la disputa, volendo concedere a ognuno un proprio spazio e dunque una propria identità. In questa scena, così come ce la racconta Omero nell'inno di Ermes, Zeus ascolta tanto l'eccessiva rabbia di Apollo nell'accusare il fratello appena nato, quanto il profluvio di menzogne che Ermes dice per potersi discolpare. Ma, soprattutto, Zeus non sente nessun bisogno di dire la sua, si limita a sorridere: guarda con sufficienza Apollo e con divertimento Ermes. Per poi ingiungere loro di accordarsi. Così i due tornano, per così dire, sul luogo del delitto ed Ermes, che deve comunque restituire le vacche ad Apollo, mostra con fierezza al fratello la sua invenzione, la lira. Qui sorprende anche la lucidità con cui Apollo riconosce, in quello strumento e quindi nel fratello, ciò di cui ha bisogno, quello che gli manca, ciò che non ha. Apollo è ovviamente attratto da Ermes, almeno quanto è disturbato dalla sua sfacciataggine, ma sa già che deve venire a compromessi con lui: perché è solo attraverso i sogni e la poesia che può affermare la sua capacità di leggere il futuro e di svelare quella verità del mondo che non sta in superficie, ma appartiene all'oscurità del profondo. Ermes nello stesso tempo si individua come ponte, lo strumento (cioè la musica, l'immaginazione e la poesia) attraverso cui il mondo di Apollo, della luce e della razionalità, può accedere alla profondità oscura di Ade, o a quella folle ed ebbra di Dioniso.

Allora la distanza dell'arco segna per Apollo la consapevolezza e la conoscenza, l'armonia della lira segna invece la capacità di portare alla luce questa comprensione, cioè la poesia. Questo rapporto di Apollo con la poesia non è così lineare e immediato, non si tratta soltanto di mettersi lì a cantare una canzone. È qualcosa di conflittuale e doloroso, come ogni lotta interiore – d'altronde non si può venire via dagli inferi (e portar via qualcosa) senza pagare un prezzo abbastanza salato. È così anche per Apollo, o forse soprattutto per lui. Questa conflittualità il dio la vive in ogni suo rapporto, soprattutto nei rapporti amorosi. Ma è il prezzo che bisogna pagare per poter accedere alla verità, portarla alla luce, e svelarla al resto del mondo. Alla fine il suo oracolo non potrà che arrivarci attraverso i deliri psicotici di una sacerdotessa che parla per enigmi. Nel volerci svelare cosa accadrà, Apollo da una parte esige da noi un'uguale consapevolezza (il "conosci te stesso" inscritto all'ingresso del suo tempio), dall'altra ci risponde in versi: la verità del Dio ci arriva per enigmi – non può che essere così, altrimenti non sarebbe verità e non verrebbe da un dio. E lo fa con la semplicità e l'immediatezza di un verso di per sé indefinibile e nient'affatto univoco nella sua interpretazione, ma che riempie il mondo di senso attraverso una meravigliosa ambiguità.

Per tornare a noi, immagino che questa oscurità del profondo, questa ambiguità contro cui si deve scontrare Apollo, sia la stessa che vediamo emergere nei primi giorni del conflitto davanti alla piana di Troia, quando il primo ad apparire sulla scena è proprio il dio dall'arco d'argento. Ma dobbiamo considerarlo come un'avanguardia: nel suo apparire vuole significare che anche gli altri dèi stanno per entrare in scena, è come se li preannunciasse. Questo ci riporta al fatto che prima c'è l'epidemia e poi comincia la guerra. E se all'inizio sulla nostra scena c'è un solo personaggio, che viene alla ribalta col sipario ancora abbassato per recitare il proemio (credo che sia così che vada letta un'epidemia) poi il sipario si alza, entrano tutti gli altri dèi: e attraverso la guerra si dovrà arrivare, per forze di cose, sempre più in profondità.

Sembra che dopo essersi incontrati al Collège de France, con Mainardi si fossero dati appuntamento in una piccola libreria italiana, dietro Palais Royal. Lei gli era venuta incontro tenendo in mano una sua raccolta di versi, quasi volesse farsi riconoscere. E mentre si avviavano in direzione del decimo *arrondissement*, lei lo aveva preso sotto braccio chiedendogli se a casa stessero tutti bene, il lavoro, la scrittura, i libri. Lui le aveva detto di sì, ma prima ancora che potesse spiegarle nei dettagli chissà quali complicazioni, lei lo aveva interrotto. Anche i suoi stavano bene, ma a quel punto non ne avrebbero più dovuto parlare. Voleva quella serata, e forse tutto il tempo che aveva deciso di concedersi con lui, come una specie di vacanza, dunque del resto del mondo non ne avrebbero dovuto parlare, lasciandolo fuori di lì.

E allora, mentre si incamminavano verso loro stessi, a lui parve che si stessero alleggerendo: erano così i loro passi o il sorriso con cui lei si girava per guardarlo o il profumo sottile da cui lui si sentiva avvolto: ma era così soprattutto per i loro pensieri. Alla fine si erano fermati in una specie di chiosco lungo il canale Saint-Martin dove, dopo che lei aveva a lungo disquisito con il ragazzo dietro al bancone su quale gin usare per il loro cocktail, avevano bevuto e mangiato anche qualcosa. Per il resto avevano camminato continuando a sentirsi in un qualche modo sospesi. A lui era venuto il dubbio di essere all'altezza di quella sospensione: non si trattava di loro, si conoscevano da così tanto tempo, la difficoltà era restare lì senza farsi distrarre dal mondo e senza caderci dentro. Non era affatto scontato, volendosi affacciare all'eterno bisogna sapersi sottrarre alla quotidianità. Così gli era venuto da pensare a come fossero riusciti a tenere quel loro amore in un qualche modo fuori dalla storia, senza cederlo a nessuna costruzione e senza fargli smettere di abitare l'eternità, lo avevano lasciato fuori dal tempo, intatto e ineluttabile. Ma la verità, si era detto, è che in quella sospensione niente gli sembrava più importante del fatto di esserci insieme a lei.

E poi, come si trattasse della stessa cosa, a lui era venuto in mente un certo passo di Omero dove Ettore e Elena si incrociano di sfuggita mentre lui è venuto per richiamare all'ordine suo fratello Paride. Non si tratta di un passaggio importante dal punto di vista della trama (non sono più che venti versi) ma lei, Elena, a un certo punto chiede a Ettore di venirsi a sedere al suo fianco. E questo gli era da sempre sembrato commovente. Così, mentre camminavano verso Bastille e senza avere nient'altro di troppo urgente da dirsi, lui avrebbe voluto parlarle di come secondo lui Elena ed Ettore in realtà si amassero. Di quel particolare tipo di amore che a volte lega le persone senza che debba necessariamente trovare una sua realizzazione, ma che proprio per questo riesce a rimanere intatto, ed estraneo al tempo. Poi pensò che non c'era bisogno di definire quello che stava accadendo loro, anche se questa definizione arrivava dalla letteratura, e tornò a guardarla camminare, piena com'era di tutta quella sua bellezza, senza dirle altro.

E avevano continuato a tenersi in silenzio uno accanto all'altro, almeno fino a che lei non gli aveva voluto dire di quanto fosse stato importante per lei averlo avuto vicino negli anni dell'università. E se anche era rimasta tanto a lungo ad aspettare che lui si facesse avanti, si era spesso sentita perfettamente innamorata.

Così, gli aveva detto: perfettamente.

Perfettamente? le aveva domandato lui.

Sì, aveva aggiunto lei: al punto da voler fuggire ogni volta che ti avvicinavi, anche se tu non ti sei mai avvicinato abbastanza.

Avrebbero potuto passare il resto della notte a dirsi a vicenda di tutti quei momenti in cui, entrambi per proprio conto, avevano sentito così forte il bisogno dell'altro e senza che questi momenti fossero mai coincisi. Ed è a quel punto, senza farsi troppo attanagliare dai rimpianti, che a lui era sembrato di dover fare come anche Ettore avrebbe dovuto quando di sfuggita aveva incontrato Elena: e le disse di averla sempre amata.

Lo fece con la semplicità con cui si dice qualcosa di ovvio, senza dargli nessuna enfasi – non era una dichiarazione, ma una constatazione a cui avrebbero potuto non dare alcun peso, né far seguire alcuna conseguenza.

È tutta la vita che ti amo, così le disse: l'ho sempre saputo. Ma non è soltanto il bene, tanto pieno, e vasto, che continuo a sentire ogni volta che ti penso. È che questo bene non chiede nulla, mi basta la grazia di saperti felice, al sicuro, anche se lontana da me, con la tua famiglia. Mi basta questo.

Però, gli aveva detto lei, adesso vorrei che tu mi baciassi.

## Seconda lezione

### *Il sogno di Agamennone*

La notte dopo l'assemblea Agamennone sogna Nestore. Nestore è il più anziano dei suoi generali, quindi il più saggio, il miglior consigliere. È significativo che Agamennone cerchi di capire, su un piano simbolico, quale dio ci sia dietro a questo sogno, è anzi il sogno stesso a dirglielo: quello è il pensiero di Zeus, sognando Nestore sta sognando Zeus. È chiaro che si tratta di un sogno importante, di quelli che non si dimenticano, che rimangono lì per molto ancora a segnare il confine tra l'inconscio e la consapevolezza. Il racconto ci dice che, quando la mattina dopo, Agamennone esce dalla sua tenda è un po' rintronato e ha ancora la voce divina che lo sta avvolgendo, cioè che gli risuona nella testa e gli scuote l'anima. Sarà pure un arrogante, ma di certo sa cosa significa aver sognato Zeus. Volendo leggere il percorso al contrario, quello che è successo è che Zeus usa il sogno per arrivare ad Agamennone; nello stesso tempo il sogno usa Nestore, una persona che Agamennone conosce bene e gli è familiare, per dirgli il pensiero di Zeus.

La prima cosa che ci viene da pensare, a questo punto, è che gli dèi e i sogni sono sullo stesso piano, un piano di cui non abbiamo consapevolezza né controllo, quindi molto profondo:

qui immagino stiamo parlando della base di ogni interpretazione psicoanalitica dei sogni. Non solo: quando crediamo che gli dèi si siano del tutto eclissati dalle nostre vite, dal nostro attuale secolarizzato, ci dimentichiamo del fatto che nel frattempo stiamo continuando a sognare. Continua a esserci un piano, quello dei sogni – che poi è lo stesso di una lettura poetica della realtà – che governa il lato inconscio delle nostre esistenze. Ma la cosa interessante qui è il fatto che Agamennone sognando Nestore sa di dovergli dare una diversa valenza simbolica, ha la sensazione emotiva di aver sognato qualcosa di molto importante: e capisce che è Zeus a parlargli nel sogno. La percezione dei sogni di Agamennone, e la sua elaborazione, è la stessa che possiamo avere noi adesso.

Ecco: Zeus gli sta dicendo di smetterla di tergiversare e sferrare il suo attacco, perché la guerra deve cominciare. Questo non è un buon consiglio, perché induce Agamennone a uno sbaglio tattico, di lì comincerà la disfatta militare dei Greci, anche se si tratta di una disfatta provvisoria, perché i Greci finiranno comunque per conquistare Troia. Allora il sogno è maligno non tanto perché offre il consiglio sbagliato, ma perché sta spingendo Agamennone e tutti i protagonisti di questo dramma, verso una distruzione che coinvolgerà ugualmente i Greci e i Troiani: ed è una distruzione voluta da Zeus. La seconda considerazione è che, per quanto possa sembrare una scena marginale (a cui Omero dedica pochi versi), è in realtà centrale: se dopo nove anni Agamennone sogna Zeus e solo a quel punto schiera il suo esercito, significa (se mai ci fosse bisogno di ribadirlo) che sono gli dèi a volere questa guerra. Dunque è uno scontro che viene dal basso (o dall'alto), uno scontro di valori che emergono per entrare in conflitto tra di loro. Bisognerebbe arrivare a leggere tutte le guerre in questo modo (parlo di quelle guerre che interferiscono con i nostri sogni trasformandoli in incubi): come se dietro ci fosse un ordine che sovrasta le ragioni o i torti delle nazioni e quest'ordine si incrinasse e le forze che lo tenevano in equilibrio cominciassero a scontrarsi tra di loro.

In questa guerra sotto le mura di Troia entrano in conflitto i valori del femminile, ma non è una questione politica, non c'entrano il femminismo o il patriarcato, né tantomeno la bellezza così come noi la consideriamo oggi. È una questione di profondità, di forze che vengono fuori nelle loro tensioni: l'immagine che dobbiamo aspettarci alla fine di questa storia è quella di un terremoto (che infatti arriverà). Ma se la scelta di Paride è l'inizio, il momento in cui il conflitto prende forma, il sogno di Agamennone è il momento in cui il conflitto viene alla luce, perché i sogni sono il modo con cui il profondo si manifesta.

Zeus dunque sta chiedendo che la battaglia abbia inizio: e infatti da qui in avanti gli dèi cominceranno a venire sul nostro proscenio a recitare la loro parte.

## *La scelta di Paride*

La battaglia è appena cominciata e subito la mischia diventa così feroce che Paride, vedendo Menelao avanzare verso di lui, scappa. Poi viene richiamato all'ordine da Ettore, suo fratello, ma a quel punto deve aver pensato che la cosa migliore sarebbe cercare di risolverla con un duello, salvando la vita di molti e soprattutto l'integrità della città: chi vince si potrà tenere Elena. A parte il fatto che nessuno, qui, crede di dover chiedere anche a Elena che cosa vuole, ma è buffo che abbiano aspettato nove anni prima di arrivare a una soluzione tanto lineare e immediata. In ogni caso non mi limiterei a ritenere Paride un vigliacco – anche perché è proprio lui a chiedere lo scontro diretto. Quello che succede durante il duello, dovendo farne un resoconto, è che Paride tira per primo e la sua lancia colpisce lo scudo di Menelao senza fargli, in realtà, alcun danno. Poi tira Menelao, e tira così forte che riesce a trapassare tanto lo scudo che l'armatura, colpendolo però solo di striscio. Volendo immaginarsi la scena, suppongo che Paride a questo punto sia quantomeno frastornato: difatti Menelao si scaglia con ferocia contro di lui, lo prende per l'elmo e lo sbatte per terra, poi lo tira con tutta la sua forza cercando di trascinarlo via, ma la cinghia dell'elmo si spezza. Potremmo pensare il duello per singoli frammenti, come farebbero in un film moderno, con i movimenti che vengono rallentati lì dove si vuole far cadere la nostra attenzione, per poi tornare a una velocità normale. Adesso Menelao ha scagliato l'elmo di Paride contro le truppe troiane che stanno lì attorno a guardare, ma Paride è ancora a terra, e lui gli va addosso sovrastandolo con tutta la sua figura. Quello è immobilizzato dalla paura mentre Menelao lo guarda con disprezzo e rabbia – molta rabbia, considerato che adesso ai suoi piedi c'è chi da dieci anni sta andando a letto con sua moglie. A quel punto Menelao riprende in mano la lancia e, sollevandola, è pronto a trafiggerlo.

È chiaro che sta per ucciderlo: questo è il momento in cui l'immagine si ferma e comincia a rallentare, sospesa tra la posa plastica di Menelao e il terrore negli occhi di Paride. Il giovane principe troiano sta vedendo la sua morte riflessa nel lucido elmo di Menelao. Adesso davvero tutta la vita gli passa davanti agli occhi e lui comincia a rivedere le scelte che ha fatto, le persone che ha amato, forse anche il dolore che ha inflitto. La consapevolezza che ha di se stesso prende forma, e capisce cosa vuole, da che parte stare, cosa preferire, che senso dare alla sua vita. Ma Paride, che sta per morire, non pensa alla battaglia, alla sfida perduta, alla guerra o al suo essere (o meno) un eroe; non pensa nemmeno al regno, allo stato, alla città, non pensa alla famiglia, ai suoi fratelli e meno che mai ai suoi amici: Paride nel momento in cui sta per morire pensa soltanto a lei. E il suo pensiero è sorprendentemente chiaro, limpido e luminoso: anche qui, numinoso. Perché le scelte che ha fatto, le persone che ha amato e il dolore che ha inflitto si possono ridurre a una sola questione: Elena. Lui pensa a Elena, al suo amore, al loro amore, e al suo desiderio. Secondo me pensa soprattutto al suo corpo, pensa fisicamente a lei, a ogni singola parte della sua bellezza, pensa anche al suo odore più intimo e questo, tutto questo, lo avvolge nel desiderio che continua a provare per lei. Tutto, nella sua vita, proprio quando questa sta per finire, si riduce a una sola cosa: il desiderio.

## *Il desiderio e la bellezza*

La sua, allora, non è altro che una grandiosa celebrazione del desiderio – e trovo difficile biasimarlo (meno che mai dargli del codardo) per come in un momento così definitivo riesce ad avere un pensiero tanto alto, misterioso e lucido. Perché, comunque sia andata, sta morendo del tutto fedele al suo personaggio; e perché non sono affatto sicuro che valga la pena morire per i soldi o per il potere o per la gloria, più di quanto valga invece farlo per la passione che ci brucia dentro portandoci verso l'amore. In ogni caso, quello che succede a questo punto è che il desiderio da cui si lascia avvolgere Paride, in cui decide di sprofondare, viene a lui: non il suo desiderio, ma il desiderio in quanto tale, il desiderio di ognuno, il fatto stesso del desiderio, ciò che muove il mondo viene a lui rendendo la sua scelta non solo definitiva, ma anche dirimente e risolutiva. È questo che fa delle forze del profondo qualcosa di così imponente, esse comportano sempre una loro necessità, e questa necessità finisce per travolgerci o, nel caso di Paride, per salvarlo dalla morte. In un certo senso, avendo fatto la sua scelta Paride ha offerto il suo migliore tributo ad Afrodite: ed è per questo che, invece di essere trafitto dalla lancia di Menelao, si ritrova in un letto con sua moglie. Ma in qualunque modo vogliamo immaginare questa scena, il risultato è lo stesso: invece di morire, lui si ritrova ancora una volta ad amare Elena – io lo trovo tutto sommato un buon risultato.

Mentre Paride sta cercando di non farsi uccidere da Menelao, Elena lo segue dai bastioni della città insieme a Priamo. La scena è ugualmente importante, rispetto a quello che succede di sotto, perché Elena sta guardando i suoi due mariti combattere per lei. Tutti sono andati ad assistere al duello dall'alto delle mura, tutti aspettano di sapere come andrà a finire, soprattutto perché sono convinti che a questo punto la guerra avrà fine. E tutti hanno chiara l'idea che la colpa, se si è arrivati a questo punto, è solo di Elena. Ma poi Priamo la manda a chiamare, e lei sale dalle sue stanze. Allora tutti la vedono arrivare e rimangono basiti nell'accorgersi ancora una volta di quanto sia bella. Ma a quel punto il giudizio morale (e sociale, politico, militare) nei confronti di questa donna rimane, in un qualche modo, sospeso: è come se si fossero accorti che una tale bellezza non può riguardare gli uomini. Di questa scena colpiscono soprattutto due cose: la prima è la gentilezza (affettuosa) con cui Elena viene trattata da Priamo. L'altra la mesta umiltà, e il senso di colpa, che lei dimostra nello stare lì. Priamo la accoglie come una figlia, la tratta con un'attenzione che non può essere ignorata, proprio perché proviene da un uomo tanto carismatico e di una simile statura morale. Le (poche) scene dove compare il re di Troia, trasudano sempre una sconfinata umanità, la prima fra tutte è questa. Ora Priamo sa bene che Troia verrà distrutta, così come sa che la causa più evidente di tutto ciò è proprio in Elena. Ciò nonostante non tentenna un solo istante, non solo nel volerla proteggere, ma nell'amarla come una figlia. Possiamo certo dirci che lui la considera davvero una figlia visto che è sua nuora, ma io credo che Priamo in questo modo non stia soltanto proteggendo Paride, e quindi la sua scelta di scappare con Elena, ma protegge anche ciò che ha mosso quella scelta, cioè una bellezza così misteriosa, sacra e trascendente.

In quello stesso frangente ci viene raccontato come all'inizio della guerra, quando i Greci erano appena sbarcati, Menelao e Ulisse erano andati a trattare con Priamo per cercare di evitare il peggio. Ma per quanto Ulisse avesse parlato così bene e le sue parole fossero sembrate neve che cade a coprire tutto quanto, Priamo non aveva esitato un solo istante a rifiutare la proposta greca che prevedeva, ovviamente, la restituzione di Elena. L'esercito con cui i Greci erano sbarcati era davvero imponente – il racconto parla di mille navi. Anche oggi, se una grande potenza decidesse di invadere un paese, o una città, sbarcando con una flotta di mille navi (quindi un'intera armata – circa duecentomila uomini), dal punto di vista militare la prospettiva sarebbe, per la città, disastrosa. Quindi i Greci sbarcano e prima di tutto vanno a chiedere la restituzione di ciò che dal loro punto di vista è stato preso ingiustamente. Ecco, Priamo, sapendo a cosa sta andando incontro, cioè quasi di certo alla distruzione della sua città, si ostina a voler proteggere Elena. E manda indietro i due ambasciatori. Io non credo che sia una questione di principio, di arroganza, né una questione tattica – non vedo dove possa essere l'importanza strategica di tenersi la moglie di un altro. Quello che Priamo sta proteggendo è la bellezza di Elena, perché ne ha riconosciuto, fin dall'inizio, l'importanza sul piano simbolico, quindi del sacro.

Così, mentre sta guardando i suoi due mariti combattere, Elena – non doveva certo essere una situazione facile per lei – mette in dubbio la sua stessa integrità morale, definendosi una cagna, ma Priamo è ancora più netto, chiaro nella sua certezza: sono gli dèi, le dice, che ci stanno dando questo destino, la colpa non è tua, perché sono gli dèi. Con questa posizione, che potrebbe sembrare fatalista, il re sta riconoscendo la trascendenza che muove quella guerra (come infatti le dice) ma anche la trascendenza che spiega la stessa bellezza di Elena. Lei sarà pure una cagna, come pensano un po' tutti lì intorno, ma qui è la sua bellezza a muovere ogni cosa (e non solo quella guerra), e questa bellezza trasuda trascendenza. Elena è la necessità di questa trascendenza, ed è ciò che Priamo sta riconoscendo: ciò che riempie della propria necessità, del proprio doverci essere. Come il tuorlo e l'albume in un uovo. Questo fatto è così importante che solo la saggezza di Priamo può riconoscerlo, esplicitarlo, ed esprimerlo con tanta lucidità e anche con un certo coraggio, vista la situazione. La stessa Elena sembra, infatti, esserne frastornata, anche perché in tutta quella bellezza la sua anima è quasi sospesa, e incredula, come il tuorlo nell'albume – appunto.

Ecco, tutto ciò è di Afrodite. È Afrodite che muove i pensieri di Paride, è Afrodite che porta Elena sui bastioni della città per guardare il duello dall'alto ed è Afrodite che illumina i pensieri di Priamo. Perché è lei che genera non solo il desiderio, ma anche la bellezza: da che la bellezza è una sospensione del divino nel mondo, tra la terra e il cielo, Afrodite è in ogni cosa. Ogni cosa tende verso il desiderio ed è questo che ci spinge verso ogni bellezza.

Quando Afrodite ancora non c'era, la terra era schiacciata dal peso del cielo e Gea era sottomessa alla violenza di Urano senza che il tempo riuscisse a scorrere: questo impediva alla terra di essere fertile, e a Gea di generare i suoi figli – ci vuole il tempo perché le cose accadano. Fino a che Crono, l'ultimo di quei figli che non trovavano spazio, non ha separato Gea e Urano dalla loro incessante copula: è lì che è nato il desiderio, da quella separazione. Il tempo ha cominciato a scorrere e il cielo a sovrastare la terra nella distanza di un nuovo equilibrio: e allora il desiderio si è potuto espandere nello spazio che l'universo gli ha voluto concedere. In questo senso il desiderio è universale, porta in avanti come un'onda e si espande come la nebbia bassa nelle mattine d'inverno arrivando a coprire ogni cosa: il desiderio di uno, ogni singolo desiderio, può arrivare a coprire tutto lo spazio possibile finché non verrà appagato.

È questa Afrodite: l'armonia dell'universo che tiene in equilibrio lo spazio tra il cielo e la terra: il respiro del mondo che permette al desiderio di prendere forma e il tempo che lo allontana dal suo appagamento. Come è chiaro il valore di questa dea non può essere limitato, nei nostri pensieri, alla frivolezza di un vestito di tulle (rosa). Per quanto oramai ciò che riguarda Afrodite è offuscato da una ruvida semplificazione, sarebbe sempre più necessario riconoscerne la portata e il peso reale – per questo non dobbiamo sottovalutare l'importanza che le attribuisce Paride come qualcosa di effimero o ammiccante. Siamo talmente inquinati, oramai, dal tentativo di annullare le distanze che ci separano, che assoggettiamo ogni desiderio al suo immediato appagamento, nell'illusione di poterlo comprare. E allora rincorriamo Afrodite nei centri commerciali, schiacciandoci l'uno contro l'altro, nella convinzione di incontrarla lì. La riduciamo a poco più che una soubrette – l'ombelico di fuori, la voce scema, il cervello spento – facendola correre impacciata dall'alto dei suoi tacchi dodici nel mezzo del campo di battaglia per cercare di allontanare il suo calciatore preferito dalla violenza dei combattimenti.

Ma la verità, anche se cerchiamo di ignorarla, è che lei è nel centro dell'universo: se provassimo davvero a immaginare il momento in cui la materia ha iniziato a espandersi, le masse nella loro fisicità e la distanza che creano con il cielo, vedremmo quel vuoto riempirsi nello spazio che la materia ha lasciato libero, ed era lei quello spazio. Lei è ciò che muove le cose, gli oggetti, le persone e i pianeti per come si attraggono tra di loro e portano a illuminarsi l'uno con l'altro, creando una luce che di sbieco, per ogni nuova inclinazione tra le orbite, dà forma, senso e bellezza a tutte le cose. Afrodite è la forza di gravità, che modella e deforma il tempo e lo spazio. Afrodite è l'armonia, l'equilibrio delle linee, la giustezza (e anche la giustizia) il bene nel senso del bene condiviso, di una società equa, e così l'assenza di potere, di quando cioè gli uomini riescono a stare insieme non per interesse, ma per passione, intelligenza, amore. Afrodite è soprattutto la bellezza e la nostra necessità di poterla ottenere, e tenere in noi. E porta al cambiamento anche quando non succede niente, oppure è appena successo quello che poteva succedere: quando pensi di non subire la sua forza, non assecondarla è il modo migliore per favorirla. Afrodite sono le pale al soffitto d'estate, l'aria della sera che con dolcezza cambia tutto, sono le imposte accostate attraverso cui passa la luce, senza che ci sia mai una visione diretta: Afrodite non porta a una lettura esplicita o chiara. Non è il mare (quello è Oceano – l'inconscio), ma il vento che lo muove, che lo sposta e lo gonfia portandone l'odore fino a noi e inebriandoci il cuore: Afrodite è la schiuma – e anche la sabbia, gli scogli, le rocce, il sale, le onde, il rosmarino selvatico e il mirto nell'arida macchia mediterranea, le pinete, le dune ("resta un odore come merda secca lungo le siepi cariche di sole"), il corpo, la pelle morbida e arrossata, i costumi da bagno e i vestiti leggeri senza niente sotto, quella sensazione di mancanza e di vuoto che abbiamo tornando a casa la sera con la pelle increspata dal sale e un'idea persistente che soltanto l'amore (e il sesso) potranno darci pace, colmare e calmare la nostra anima per come, tutto il giorno, si è fatta muovere dalle onde. Lei è la penombra: la sottile mancanza di un significato chiaro, qualcosa che ci attrae ma che non possiamo comprendere. Se lo dicessimo perderebbe tutta la sua consistenza: Afrodite prende luce del suo non esserci. Eppure sta lì, lo sappiamo benissimo, la vediamo passare, non è possibile ignorarla: ma la sua comprensione è indiretta, ottenuta per sottrazione, per mancanza, una comprensione data dalla distanza: desiderare quello che non abbiamo, è la vera essenza dell'innamoramento. Afrodite è quel dolore così sottile da diventare lancinante, al punto da riempire la nostra anima dandole, finalmente, senso e compiutezza, se è vero che per far crescere l'anima servono le perdite prima che tutto il resto, se è vero che è "l'assenza il paese dell'anima".

Dunque nell'eternità di un rapporto senza relazione e senza passione si è intromessa la nascita di Crono a segnare l'inizio del tempo e il desiderio nella distanza. Costretti a vivere nel tempo, a quel punto l'unica possibilità è passare il resto della vita a cercare di colmare questa distanza attraverso la nostra anima. Così che possa cominciare a espandersi, in quella mancanza allargarsi, riempiendosi dell'assenza, come una spugna. Se il dio più vicino all'anima è Ermes, è Afrodite che le dà forma e compimento. Il mito ci racconta infatti di come la dea, tentando un azzardo, quasi una frattura nell'ordine del divino, decide di impossessarsi di Psiche per mezzo di Eros. Perché Eros è ciò che spinge l'anima a dover riempiere quel vuoto. Tutto è da sempre sollecitato da Eros: è lui la forza che spinge Urano contro Gea e, quindi Crono a volerli staccare, e che ci spinge continuamente a legarci, unirci, afferrarci, toccarci.

Eros e Afrodite non sono la stessa cosa, anche se Afrodite nasce dalla tensione che provoca Eros, nello stesso tempo Eros è generato da Afrodite, dato che non trova senso se non nell'appagamento del desiderio. Ed è Eros, appunto, lo strumento del desiderio per poter arrivare alla profondità dell'anima. Allora, se è vero che Afrodite è l'armonia del cosmo, la sua bellezza, il desiderio trova il suo compimento nella distanza che l'anima ha da quella bellezza.

Ma, almeno all'inizio, è come se la bellezza dell'anima fosse incomprensibile agli occhi della trascendenza. La favola racconta infatti che Afrodite è irritata dall'ingenua fragilità di Psiche, quella sua abissale profondità, perché si rende conto che non le appartiene. Ne è spaventata, quasi turbata, anche perché gli uomini cominciano a venerare questa fanciulla come se fosse una dea (o forse al posto della dea) e perché sente che quella bellezza non le appartiene. Dunque è gelosa di Psiche. Ma che cosa ha Psiche che non è di Afrodite?

Per capirlo, per trovare il modo di contenere Psiche, Afrodite chiede a Eros di farla innamorare. Cioè di portarla in un qualche modo a lei, potremmo dire, di ridurla al desiderio. Eros qui è un *dáimōn*, una via di mezzo tra gli dèi e gli uomini, un punto di congiunzione, si potrebbe dire che ha il compito di svelare di cosa è fatta la bellezza di Psiche. Ma Eros si innamora, si punge con la sua stessa freccia, e proprio nel suo essere divino si perde anche lui nell'incomprensione di cosa sia l'anima, dunque ne è attratto. Ciò che ci spinge verso la bellezza del mondo, si è perso a sua volta nella bellezza della nostra anima. Il dio, in segreto innamorato della fanciulla che doveva contenere, decide di volerla avere, la rapisce. Di lì comincia il percorso di Psiche (un percorso iniziatico o di formazione) che la porterà, anche attraverso grandi sofferenze, verso il proprio compimento. Ma è un percorso che comincia per necessità divina: perché è Afrodite che non riesce a comprendere che cosa rende tanto bella questa fanciulla mortale.

### *Una sospensione sulla storia*

Immagino che a quel punto anche Elena e Paride si siano dovuti confrontare con il fatto di aver lasciato il resto del mondo fuori dalla loro stanza. Immagino anche che lo abbiano fatto continuando ad avvoltolarsi fra le lenzuola, ma che alla fine quello che hanno ottenuto sia stata una sospensione della storia. Sottrarsi al tempo – in fondo era questo che aveva promesso Afrodite ed è questo che ha offerto loro. E allora la diplomazia, gli eserciti, la politica, il potere, la guerra, le persone, le altre esistenze, lo scorrere normale dei destini, il mondo, la famiglia, i mariti, le mogli, i figli, il lavoro, il dovere, l'utilità, il profitto o la solvibilità e tutto quello che noi (fuori da quella stanza) siamo abituati a considerare il nostro normale progredire ha perso qualunque importanza dal momento in cui loro hanno cominciato a perdersi nel loro letto migliore: l'unica cosa che conta è il desiderio dell'altro. Ma è un po' come se quella sospensione fosse uscita fuori dalla loro stanza scendendo per le strade di Troia e poi giù lungo le mura e fino al campo di battaglia. A quel punto anche tutto quanto il resto, per un momento, si è fermato.

In teoria, a seguito degli accordi presi, finito il duello la guerra avrebbe dovuto concludersi. I patti erano che al vincitore sarebbe andata Elena e i suoi tesori, dopodiché i Greci potevano tornare a casa e Troia non sarebbe stata distrutta. Ora Menelao ha vinto il duello (a tavolino, si direbbe oggi: 3 a 0), dunque Elena deve tornare da lui. Invece sta fermo lì a guardare la polvere ai suoi piedi, proprio nel punto dove, fino a poco tempo prima, c'era il suo nemico. Adesso davvero una strana sospensione sta avvolgendo tutti, proprio quando pensavano che la questione si fosse risolta e ognuno era pronto a fare armi e bagagli (come si dice in questi casi) per tornarsene a casa. Ma davanti a Menelao non c'è né lo sconfitto, né tantomeno il premio che era stato messo in palio: il vento ha smesso di muoversi e la polvere di cadere. E in questa sospensione Menelao ha cominciato a togliersi le armi di dosso.

Dobbiamo immaginarci un sasso che cade, una sfera che scivola sul piano, un temporale che si avvicina, un'onda inesorabile che sale, la velocità con cui la luna si muove nel cielo. Ecco, questa determinazione, il modo con cui gli accadimenti non possono essere fermati, è la Necessità. I Greci le avevano anche dato un nome – Ananke – e lei imponeva il suo giogo a tutti gli altri dèi.

Ma ancora prima che sull'Olimpo, la necessità (anche senza doverle dare un'iniziale maiuscola) va pensata dentro di noi. Credo che venga da lei il nostro senso del sacro, il legame indissolubile con cui percepiamo la trascendenza. Ciò che non può essere controllato ma che, piuttosto, governa le nostre vite. Non c'è un'immagine che la raffigura, un personaggio che recita la sua parte: Ananke non ha personificazioni né templi, proprio perché è il sacro che è in noi, che ci impone la sua forza e che muove la nostra storia, la distorce, la svia, ne devia il corso, agendo in modo del tutto indipendente dalla nostra volontà. Ma se anche la sentiamo in noi, non possiamo immaginarla, né offrirle tributi, perché non c'è modo di modificare le sue intenzioni; è soltanto la percezione di qualcosa che ci spinge, ci trascina, ci istiga, al di sopra della nostra volontà.

### *La guerra e la Necessità*

Fra tutte, la guerra sembra davvero l'espressione più forte della necessità (quindi della trascendenza): la guerra è così terribilmente vicina al sacro proprio perché la necessità nella guerra è pressoché assoluta. Una guerra non si può interrompere: si possono cercare degli accordi per evitarla, ma c'è qualcosa di necessario che rende le guerre ineluttabili; una volta che cominciano devono andare avanti fino al loro compimento. Per questo, immagino, le guerre durano anni e anni di devastazione, andando ben oltre qualsiasi convenienza o bisogno: è come se ci fosse un certo grado di distruzione prima del quale non ci si può fermare.

Allora il fatto, qui, è che al di là delle buone intenzioni di Paride e della disposizione dimostrata da Menelao, questa guerra deve continuare fino alla sua devastante conclusione. È un po' come se Atena stesse dicendo loro che va bene, avete fatto i vostri giochetti, i patti, i duelli, bravi, bene: ci avete provato, adesso però bisogna che riprendete a combattere. Ed è una constatazione di Atena proprio perché è una constatazione razionale, obiettiva, quasi ovvia. E comunque Ares ancora non è neanche arrivato, forse è proprio questo il problema: finché non arriva il feroce dio rosso, nessuna guerra può dirsi cominciata, dunque nessuna guerra può nemmeno finire.

Questo è un problema che non riusciamo a capire. È come se solo adesso, dopo millenni in cui l'umanità ha convissuto con la necessità della guerra, stessimo cominciando a prendere in considerazione anche la possibilità che quella necessità non sia poi così necessaria, e possa essere in un qualche modo elusa. Ci sono, in effetti, alcune particolari occasioni del secolo scorso in cui abbiamo avuto il modo per fermare una guerra, alcune volte abbiamo colto quell'occasione, altre no. E per quanto la pace sia una possibilità che rischia di rimanere inapplicabile, continuiamo a tenerla presente – anche se ho il sospetto che via via ci saranno sempre meno pacifisti disposti a farsi mettere sotto da un carro armato per fermare una guerra. Sappiamo benissimo, al di là delle nostre migliori intenzioni, che le guerre proseguono con la stessa caparbietà con cui quei carri, appunto, riescono a ignorare chi tenta di ostacolarli. E lo sappiamo perché è così che si muove Ares.

Ares è la guerra, la violenza fisica, la brutalità, il sangue, la rabbia, la terra, le trincee, le mani sporche di grasso e di sudore, la tensione, lo stomaco, i pugni chiusi, il bisogno di menare le mani, di spingere e stritolare, prendere a cazzotti il muro, un urlo feroce e il cielo rosso infuocato dal sole: gli eserciti schierati, il campo di battaglia, il luccichio delle armi, le uniformi, le armature, i cannoni, i vessilli, i tamburi, le bombe, l'odore del napalm la mattina presto, i berretti, gli elmetti, il basco e il cappotti con i bottoni d'osso, la pipa, il capitano, le magliette a righe, i sommergibili, gli abissi e la distruzione. Ma la verità è che tutto questo, per quanto possa terrorizzarci, ci attrae perché la guerra, nella sua più dura e violenta sostanza, è vera.

Insieme all'amore, la guerra è forse la cosa più vera con cui possiamo avere a che fare e, proprio in questa sua atroce verità, ci mostra l'essenza più profonda delle cose. Non sto dicendo che la guerra non sia un inganno a uso del potere: ma che nella guerra tutto finisce, prima o poi, per apparire così com'è. In guerra la fame è fame e l'amicizia è amicizia, il coraggio è coraggio, la paura è paura, l'ignavia è ignavia e l'amore è amore, il dolore è dolore e la pietà pietà, la cattiveria cattiveria. In guerra non può esserci finzione, forse inganno, ma nessuna finzione. Così la cattiveria arriva a diventare ferocia, la forza diventa distruzione, la compassione diventa amore e l'amicizia un'attenzione a cui non sfugge alcun dettaglio. Allora è proprio questa necessità che si nasconde dietro alla guerra e che ci spinge a esserne così attratti. Perché a quel punto ogni cosa si capisce per com'è – non ci sono fraintendimenti, i nodi vengono al pettine, ogni personaggio sulla scena diventa del tutto fedele a se stesso, non potendo che recitare la sua parte (quello che a molti sembrava una brava persona si rivela come un dittatore, e quell'altro che invece sembrava così capace si rivela un inetto). Ares non è un dio che richiede grandi interpretazioni, non è complicato nei suoi attributi, meno che mai ipocrita o contraddittorio – magari atroce, ma non contraddittorio: lui è quello che è, così come appare: la guerra.

Dobbiamo capire che la trascendenza nella guerra non ha mezze misure, non permette velature o ambiguità. Forse per questo ci risulta così facile fare delle guerre per motivi religiosi, perché la guerra è la religione (e la religione è la guerra: "non sono venuto a portare pace, ma la spada" non può essere equivocato). Come per la trascendenza, la verità della guerra sta già lì in tutta la sua cruda verità. E se non si può immaginare un'adesione religiosa che non sia piena, a una guerra si deve aderire totalmente. I voti dei cavalieri, la fedeltà alla bandiera, l'idea di patria, l'abnegazione del singolo, l'incoronazione degli imperatori, i soldati di Cristo e anche, a modo loro, i gesuiti, sono tutte espressione di una uguale devozione religiosa ad Ares. Ares è un dio come tutti gli altri. E forse, allora, dovremmo prenderlo come una specie di insegnamento buddista sul misticismo: per vedere la luce di dio ci sono solo tre modi: passare la vita isolati in un eremo, andare in battaglia o dare una carezza a un lebbroso – e almeno per quest'ultima e del tutto inedita possibilità il messaggio evangelico è stato davvero rivoluzionario.

Le guerre, così come le epidemie o la furia degli elementi, ci avvicinano con grande rapidità al nostro bisogno di sacro: per questo abbiamo subito riconosciuto il Papa che dall'alto delle macerie benediceva la folla, o che solo in mezzo alla piazza sotto la pioggia battente invocava la fine della tempesta che si stava abbattendo sulla nostra piccola barca. Perché riconosciamo il nostro bisogno di sacralità e ci affidiamo alla sua esplicita capacità (del Papa) di rivolgersi a Dio. Ma la verità (per quanto ci possa sembrare assurda) è che il sacro entra nelle guerre con enorme facilità; ed è per questo che è così difficile praticare il pacifismo, andare a mani nude davanti a un dio per cercare di fermarlo, avendo in lui però una fede assoluta. Allora capire la guerra non vuol dire accettarla, ma conoscere il dio che la governa. Nell'inno ad Ares, Omero chiede al dio la sua forza guerriera per poter frenare l'ira che ci spinge all'agghiacciante battaglia e quindi avere il coraggio di rispettare la pace. Non è Atena a portare la pace, ma Ares: la pace non riguarda la strategia, la tattica e, dunque, la politica o la diplomazia, ma la guerra stessa, perché ne è l'altra faccia, quindi si ottiene per negazione e con un enorme coraggio. Allora soltanto chi capisce e conosce la guerra sa arrivarle abbastanza dentro da farla finire. Ma finché Ares non si impone in tutta la sua devastazione sulla nostra scena, e finché noi non saremo andati al fronte a sporcarci le mani di polvere e sangue, non sarà neanche possibile chiedergli il coraggio di riportare la pace.

Come per ogni tempesta, c'è un momento, prima che tutto abbia inizio, in cui l'aria si ferma e il tempo si contrae restando sospeso. Quel momento sta lì forse per illuderci della possibilità di un'alternativa: la guerra non potrà dirsi cominciata, fino a che quell'alternativa non sarà stata spazzata via dall'arrivo di Ares, ma una volta cominciata non ci sarà più modo di fermarla. Adesso, per quanto in fondo al nostro orizzonte si stia stagliando in tutto il suo fragore quel fuoco fiammeggiante, il tempo è ancora fermo ed Elena e Paride cercano di mantenere fra le loro lenzuola quella sospensione. Intanto Menelao si sta togliendo le armi di dosso, tutto intorno c'è soltanto silenzio.

Se osserviamo con attenzione questa scena, oltre a Menelao possiamo anche vedere gli occhi pronti di Diomede che osserva con l'intelligenza di Atena. Poco più in là un fante troiano, un certo Pandaro, che sta tirando fuori una freccia dalla sua faretra. Questo è uno di quegli attimi in cui il mondo si è fermato, poco prima che tutto cominci ad accadere con grande velocità, per poi precipitare, a quella stessa velocità, verso la rovina.

*L'altra metà della guerra*

Se i Greci pensavano a due diversi dèi per la guerra, non credo sia per una sovrapposizione, o uno spreco di energia divina, piuttosto è la constatazione che la guerra è una cosa troppo importante per lasciare che sia solo uno a occuparsene. Dobbiamo allora supporre che abbia due facce opposte, o meglio, contrapposte e complementari: due aspetti diversi che non possono riguardare lo stesso dio. Ma se ad Ares compete solo la guerra, Atena è anche la dea del lavoro manuale, dell'organizzazione, della tessitura, dell'artigianato, del pensiero intelligente, della pianificazione e del controllo, della visione in prospettiva, quindi della strategia, e poi anche della guerra o piuttosto come applicare tutto ciò alla guerra. Immagino che a quel punto, ai tempi della distruzione di Troia, la guerra e la politica potessero in un qualche modo coincidere, quindi sarebbe più facile pensare ad Atena per il pensiero politico e ad Ares per l'attuazione di quel pensiero nei suoi estremi (il suo proseguimento con altri mezzi, per dirla con Clausewitz). Ma nel nostro dramma Atena interviene sempre in modo molto misurato, volgendo il pensiero di un determinato eroe verso una precisa direzione: si tratta di lampi, più che di vere e proprie illuminazioni, che però bastano a muovere l'azione di un eroe in modo risolutivo. E la risoluzione riguarda la singola battaglia, o l'intero conflitto.

In tutto ciò è abbastanza difficile capire dove Atena voglia arrivare, o cosa stia veramente pensando, così adesso succedono due cose entrambe riconducibili alla dea dagli occhi splendenti, ma che sembrano riguardare gli opposti schieramenti. La prima si risolve subito, ed è in linea con l'intenzione tattica della dea: la guerra non deve finire, ma piuttosto cominciare sul serio. Allora i patti sottoscritti da Agamennone e Priamo che vorrebbero risolvere la questione con il duello tra Paride e Menelao devono essere rotti. Così Atena prende il primo fante troiano con sufficiente coraggio da rivolgere la sua freccia contro Menelao e lo lascia tirare. Ed ecco, Pandaro mira verso Menelao che a questo punto è esposto perché si sta togliendo le armi, e il re di Sparta viene colpito: i patti sono stati rotti, la battaglia può riprendere. A pensarci l'ineluttabilità di questa scena è abbastanza impressionante (anche volendole sottrarre l'influenza di Atena): Pandaro fa quello che non andava fatto, sembra quasi un film comico dove, dopo mesi di sottile lavoro della diplomazia, salta tutto perché un solerte generale (che di suo non sopporta i tatticismi dei politici e in fondo crede ci sia un unico modo per risolvere certe questioni) si appoggia sul bottone rosso che fa partire l'ordine: fuoco.

Dunque Menelao è stato ferito e subito la battaglia riprende in tutto il suo scintillante fulgore. Ma questa è soltanto la premessa: non è ancora successo niente di tutto quello che potremmo aspettarci da questa storia. Perché, così dice il racconto, il primo a reagire è Diomede. E se è Atena a muovere la freccia di Pandaro, è sempre lei a portare lo sguardo di Diomede su quella freccia. Non è un caso, Atena lo predilige a tutti gli altri proprio per la sua capacità visionaria. Quello che succede è che la battaglia riprende e nel tumulto Diomede comincia a vedere ciò che gli altri non vedono.

Se è vero che gli dèi qui agiscono attraverso gli eroi, Diomede in questo particolare momento del racconto riesce a vederli per come stanno effettivamente agendo in battaglia. E questa capacità di visione, che solo lui ha, gli viene proprio da Atena. D'altronde Atena è una civetta che vede anche quando e dove gli altri non riescono, è la dea dell'intelligenza come capacità di vedere le cose, del prevederle prima ancora che del comprenderle. Dunque la visione che Diomede riesce ad avere del divino appartiene a lei – il racconto è esplicito a riguardo. Diomede nel frattempo è stato ferito, sempre da Pandaro, ed è riverso a terra. Solo quando Atena arriva in mezzo alla battaglia, lui si sfila la freccia dalla spalla e con un nuovo vigore si scaglia contro i Troiani. Ma cosa significa vedere gli dèi? E perché è una dea che permette a Diomede di farlo?

Forse dovremmo leggere questo paradosso teologico come una trovata narrativa, di quelle buone per risolvere un nodo che altrimenti sarebbe rimasto insoluto. Ma il vero nodo, qui, è proprio quello teologico, perché il divino ha deciso di mostrarsi proprio nel momento in cui il conflitto nel divino si prepara per arrivare all'apice. Allora quello che dobbiamo aspettarci, in questa come in ogni altra guerra, è che gli dèi si mostrino nella loro più profonda essenza. E il motivo per cui cerchiamo in tutti i modi di sfuggirle, è perché dalla guerra non possiamo che aspettarci la verità delle cose nella loro essenza. In questi racconti succede di continuo che gli dèi infondano negli eroi forza, saggezza, fascino, intelligenza, precisione nel tiro, velocità, arguzia o buoni argomenti nel discorso – è così che funziona il rapporto tra gli dèi e gli eroi, se questi sono i migliori fra gli uomini è per via del fatto che sanno avere un rapporto privilegiato con il divino. Ma qui il divino sta offrendo a Diomede la capacità di vedere il divino, non credo che succeda anche altrove ed è – o almeno così mi sembra – una cosa abbastanza straordinaria. Atena mostra a Diomede le cose per come sono, non nel mondo, ma nel sacro, in quella che potrebbe essere presa per una visione mistica. Diomede capisce subito che la guerra non è finita e, mentre Menelao sta per essere colpito dalla freccia di Pandaro, lui già sta reagendo alla rottura dei patti. Diomede dominerà questo momento della battaglia, ma sin dall'inizio vede la guerra per quello che è. Ovviamente lui non si mette lì a farne una questione religiosa o filosofica, e si concentra sull'unica cosa che si può fare in una guerra, combattere.

Nel frattempo quello che sta succedendo è che Enea fa strage di Greci: non Ettore, ma Enea. Lui è uno strano eroe, la sua forza e la sua determinazione sono pari soltanto alla sua volontà empatica (quella che Virgilio chiama *pietas*). Enea è quel tipo di soldato che prima di fare esplodere la base nemica e salvare quattro dei suoi migliori compagni, torna indietro solo per portare via un cucciolo e non abbandonarlo nelle mani del nemico. Ma, anche qui, Enea è il figlio di Afrodite, è questo che fa di lui la migliore essenza della sua città: un'attenzione e dedizione speciale per la bellezza (nel senso più ampio possibile del termine) perché non c'è altro modo che la bellezza possa essere resa, compresa e condivisa, se non con l'empatia. Come per ogni eroe la sua migliore forza è anche il suo punto debole e per Enea la debolezza è proprio nel fatto di essere il figlio di Afrodite. Dunque è questo che Diomede vede di Enea ed è questo che cerca di colpire.

La scena è confusa: Diomede colpisce Enea che cade ferito. E subito Afrodite arriva per sottrarlo alla battaglia avvolgendolo nella nebbia. Così Diomede colpisce la dea ferendo anche lei. Sembra allora che, nella verità di questa guerra, perfino gli dèi finiscano per esserne esposti, come se ciò che di per sé svela la propria trascendenza venga messo in discussione. Diomede, a questo punto, potendola vedere, si permette perfino di rimbottare la dea: cosa ci sei venuta a fare qui sul campo di battaglia?, le dice, queste non sono cose per te. È un rimprovero che potrebbe benissimo venire dalla stessa Atena – da chi, in mezzo a quel tumulto invece ci si trova benissimo. Ma la sfrontatezza di Diomede è blasfema: chi è lui per giudicare e definire cosa può e cosa non può fare una dea, o dove comincia e finisce il suo campo di azione?

Andando oltre alle gesta di Diomede e alla sua straordinaria forza, subito dopo il ferimento di Afrodite, arriva Apollo per proteggerla e farle da scudo, tirandola fuori dal campo di battaglia: se è il sacro che viene messo in discussione, è il dio della purificazione che arriva per riportare il sacro al suo posto – cioè alla giusta distanza dagli uomini. Ma subito dopo arriva anche Ares determinato, lui sì, a reagire il più violentemente possibile alla blasfemia di Diomede. È come se volesse rispondere a quel facile umorismo riguardo al chi competa che cosa sul piano della battaglia, o della pietà, o della tenerezza, mostrandogli, piuttosto, qual è il suo di ambito: la battaglia è soltanto una questione di Ares. Da buon soldato Diomede non si fa intimidire, ha senz'altro dimestichezza con il dio di fuoco, e sa bene che il vero modo per venerare Ares è combatterci, così finisce per tirare contro il dio e colpirlo. Ma Diomede a questo punto è arrivato fino in fondo, ha visto tutto quello che davvero poteva vedere e sfidato tutto quello che si poteva sfidare. È quasi arrivato a spogliare l'ordine del divino, a svelarlo e incrinarlo, e ferirlo. C'è anche da dire che in questo momento, su quel campo, c'è una densità divina abbastanza inusuale: Atena, Afrodite, Apollo e Ares – sorge il dubbio se non sia invece l'azione divina che sta venendo allo scoperto, lasciando che il più attento fra gli eroi possa svelarne la profondità. Quello che succede, comunque, è che Ares viene ferito e lancia un urlo disumano, un urlo che sarebbe impossibile ignorare.

Non trovo strano che un dio possa combattere, o lottare, contro un eroe (se può farlo Giacobbe per un'intera nottata sotto una tenda in Palestina, non vedo perché non possa farlo Diomede in un pomeriggio accaldato sotto le mura di Troia) ma soprattutto, e a maggior ragione, deve poterlo fare il dio della guerra. Combattere è il modo per Ares di essere nel mondo ed è normale che nel combattere uno possa anche essere colpito. Alla fine del combattimento, come alla fine di una qualunque lotta, la cosa più importante è che il dio finisca per rivelarsi. Quel furioso grido di guerra è la più semplice delle evidenze: questo è Ares. È arrivato. Come una fiammata improvvisa che riecheggia in tutta la piana illuminandola di rosso così che tutti lo possano sentire, percependo la sua feroce presenza: Ares. Dunque la guerra è cominciata davvero e adesso nessuno potrà fermarla prima che la devastazione arrivi a coprire ogni cosa. Atena – verrebbe da aggiungere – da dietro le quinte sorride soddisfatta.

## *Il campo*

Bisogna immaginarsi questi ragazzi in un campo di terra, o nel migliore dei casi di prato, meglio che siano in numero pari – fino a ventidue vanno bene, ma possono anche essere di meno.

Si muovono insieme, guardando quello che fanno gli altri, aspettando e ascoltando, si parlano poco, più che altro urlano, e a ogni grido corrisponde un'azione e una richiesta, una sollecitazione. Come in una battaglia o in uno scontro, se tutto va bene chi attacca riesce ad arrivare fino in fondo oppure, se chi difende glielo impedisce, si fermano prima. A vederli da dietro sono belli, con le loro magliette rosse, le gambe nude, i piedi pronti a toccare terra ancora prima la palla: a colpire. Il busto dritto e lo sguardo rivolto in avanti per capire cosa succede, cosa potrà succedere e cosa succederà. Le schiene tese, la linea dei muscoli dorsali che arrivano a sostenere il sudore, le spalle alte sul campo e sul mondo. Corrono con la consapevolezza di poter imporre la loro forza sugli altri, e con un imprecisato bisogno d'amore. D'improvviso si fermano, guardano, tornano indietro, puntano di nuovo avanti, urlano il loro disappunto o l'approvazione, poi con l'attenzione di un animale aspettano di capire se non sia il momento di scattare. E quando intuiscono che quel momento è arrivato partono: uno ha la palla al piede, gli altri lo seguono prima ancora di poter intuire cosa vorrà o riuscirà a fare. E più vanno avanti, più cambiano le geometrie della loro disposizione sul campo, disegnano nuove figure. Tutto ciò che può essere prevedibile non deve trovare opposizione nell'intelligenza e nella velocità che i difensori gli stanno offrendo. Invece all'ultimo quello scarta di lato, si smarca e quando, lui solo davanti al portiere, sta per tirare cambia passo e si sposta, tira a campana sul fianco, dal lato opposto, un altro la prende al volo col collo del piede e a pallonetto spiazza il portiere. L'urlo è la soddisfazione ma subito tornano, con la palla in mano, pronti per ricominciare: attaccare, difendersi, lotta, polvere e sudore: Ares. È questo a cui dobbiamo pensare: a questi corpi e a tutta la loro energia e pulsione, a questo amore concentrato nella bellezza della loro gioventù.

### *La lotta, la forza e la guerra*

Ares è maschile (con le amazzoni il mito prevede anche un modo in cui le donne sono guerriere e quindi maschili, così da mettere in chiaro il fatto che anche le donne possono avere a che fare con il dio della guerra) ma Ares è decisamente maschile. Nato da Era e da Zeus, unico loro figlio insieme a Efesto, Ares per i Greci è soltanto violenza. Ma nell'idea dei Romani, che della guerra sono stati la massima espressione, il suo corrispettivo Marte era legato alla forza, quindi alla giovinezza, alla primavera e ai fiori. Il racconto dice che Era, gelosa della possibilità che Zeus si era dato di poter concepire Atena senza di lei, aveva cercato di fare altrettanto. E aveva chiesto a Flora di portarle una pianta che la potesse rendere gravida senza bisogno del seme di Zeus, così era rimasta incinta. Allora, che la guerra venga da Era, la moglie, la signora e regina di tutti gli dèi, è un fatto che non dovrebbe essere sottovalutato. Nel nostro racconto è lei, più di tutti gli altri dèi, a istigare la battaglia, il suo unico e costante scopo (sembra non pensare ad altro) è la totale distruzione di Troia. E questo ci dice che la violenza e la ferocia, nel femminile può diventare totale.

Ares non è solo la scintillante violenza della guerra, ma anche l'erotismo e la forza della gioventù, un erotismo del tutto maschile: due corpi giovani e forti, muscolosi, belli, che si avvinghiano, si tendono, si fermano, si eccitano, si tengono e stringono l'uno nell'altro, rivoltandosi uno nell'altro. Per fare la lotta bisogna ascoltarsi e l'intesa intellettuale diventa fisica, l'intimità della mente diventa quella dei corpi, nell'amicizia si intromette Eros. Così se questo erotismo tutto maschile può essere autonomo, il desiderio di Ares arriva però a cercare il suo compimento nel femminile di Afrodite: giacché sono complementari. Questo svela un legame che di solito cerchiamo di ignorare: la forza e l'amore, l'amore e la guerra. Così come cerchiamo di relegare Afrodite agli spazi asfissianti dei centri commerciali più che nella polvere dei campi di battaglia, continuiamo a scordarci il fatto che Ares è il suo unico amante, come dire, accreditato. E non si tratta di come a lei possa piacere il sesso violento – Afrodite non è la dea del sesso, ma del desiderio, della passione, dei fiori e della tenerezza amorosa (il suo mito, sia detto per inciso e con una certa chiarezza, non racconta in nessun modo la storia di una donna che sta con un uomo violento). Sembra che quando Efesto, che di Afrodite è lo sposo, cominciò a sospettare qualcosa riguardo ad Ares, costruì una rete così sottile da essere invisibile, poi la gettò addosso ai due amanti mentre stavano a letto insieme. Lui così svelò la loro trama, ma nello stesso tempo li legò di un legame indissolubile l'uno all'altra. A quel punto tutti gli dèi andarono a vedere: era questo lo scopo di Efesto, che si sapesse del tradimento, ma quello di Afrodite e Ares a letto insieme doveva essere uno spettacolo quanto meno avvincente. Così Afrodite e Ares, amore e guerra, sono legati da una rete invisibile, che normalmente non riconosciamo, ma che ci dice come ci sia una bellezza profonda nella guerra. E dice anche che l'unica cosa abbastanza vicina alla guerra da poterla contenere è l'amore.

Se è vero che la guerra muove forze incontrollabili, in qualsiasi guerra rimane comunque uno spazio per il desiderio: se pur nella sua fragilità, nel pieno della battaglia c'è sempre, ancora, anche Afrodite: Paride ha saputo pensarla, riconoscerla, darle un suo luogo, perfino in quella scena così sporca di polvere e ruggine. Diomede ha saputo vederla e ha voluto schernirla e ferirla, e magari era solo spaventato da quella possibilità. Ma poi è arrivato Ares e la devastazione del dio dagli occhi di fuoco ha cominciato a coprire ogni cosa.

## *Ettore*

Appena dopo l'arrivo di Ares (finalmente) la guerra comincia in tutta la sua atroce necessità, ma nel pieno dei combattimenti succede qualcosa di abbastanza insolito nella sua importanza: Ettore viene via dal campo di battaglia.

Lui è il capo dell'esercito troiano, quindi se da una parte stupisce che abbandoni le truppe mentre combattono, dall'altra intuiamo come possa essere mosso da un'esigenza militare, o strategica, di ordine superiore. Siamo abituati a pensare che lui rientri in città per andare a salutare la moglie e il figlio Astianatte, ma è difficile credere che sia questa l'esigenza strategica di ordine superiore. Ci deve essere dietro qualcosa di più importante – poi lui ne approfitterà anche per salutare Andromaca, Astianatte, e per richiamare all'ordine suo fratello Paride. Ettore entra in città per chiedere a sua madre, e alle donne di Troia, di pregare Atena. Perché ha un assoluto bisogno che la dea favorisca i Troiani nella battaglia.

Questo fatto è centrale: a parte mettere in luce la sensibilità militare e la consapevolezza di Ettore, riporta tutta la nostra attenzione su Atena. Proprio perché Ettore ha subito intuito come la furia distruttiva di Ares, esplosa in tutta la sua violenza, non potrà essere fermata, ma sa anche che questa esplosione di fuoco potrà essere contenuta, perché l'altra metà della guerra è di Atena. L'intelligenza strategica, la visione in avanti, la tattica sono il tentativo non tanto di fermare la violenza, ma di controllarla e, meglio ancora, indirizzarla a proprio vantaggio. È quello che sta cercando di fare il comandante in capo dell'esercito troiano: consapevole che da questa guerra nessuno avrà scampo: si rivolge all'unica possibilità di contenerla: Atena.

Atena ha un rapporto particolare con Troia, perché la città è stata fondata nel punto dove la dea aveva scagliato il Palladio – una piccola statuetta, un simulacro, che raffigurava Pallade, la sua migliore amica. La città, allora, nasce intorno a un tempio costruito in onore di Atena, per custodire la sua bambola. Il tempio e la statua costituiscono il più antico fondamento di Troia e – insieme alle mura costruite da Apollo e Poseidone – la sua più solida protezione. Solo l'imperturbabile astuzia di Ulisse riuscirà ad aggirare questa protezione violando la città: sarà lui stesso a rubare il Palladio per poi far attraversare le mura all'inganno del cavallo, ma è senza il Palladio che la città diventa vulnerabile. Ecco, per quanto Troia sia stata fondata sulla protezione di Atena, durante la guerra la dea non è dalla parte dei Troiani; volendo leggere la vicenda in questi termini, lei parteggia sin dall'inizio per gli altri. Dunque nel Palladio emerge una contraddizione, un'incongruenza, che è anche insita nella città.

## *Atena*

Pallade era l'amica del cuore di Atena e, ci viene da immaginare, la prima con cui lei si lascia andare a un sentimento di empatia e amore. Ma mentre le due giocano alla guerra, Atena misura male la sua forza e finisce per ucciderla. Di fronte a questo fatto così fuori dalla sua portata, e dal suo controllo, la dea costruisce la statuetta di legno, per raffigurare il lutto. Ma poi, sopraffatta dal dolore, dall'alto dell'Olimpo getta a terra la statua. Questa scena ci offre un'immagine della dea del tutto opposta a quella a cui eravamo abituati. Perché Atena – figura che affascina tutte le donne – è la quintessenza del controllo. Pensandoci bene tutto, in lei, porta lì: la tessitura, l'artigianato, la politica, la strategia, l'intelligenza, l'organizzazione, la forza mentale, il rapporto privilegiato con il padre che non diventa mai desiderio (quindi incesto), ovviamente la scelta della verginità e, giù giù fino alla sua corazza, l'elmo e lo scudo con sopra la faccia di Medusa: per lei ogni cosa è controllo. Al contrario di Artemide, Atena vuole rimanere vergine per evitare che i rapporti le sfuggano di mano, eppure (al contrario di Artemide) tesse rapporti quasi soltanto con dei maschi. Lei è la protettrice degli eroi e così riesce ad averne una padronanza prima di tutto mentale. Ma il controllo è incompatibile con il desiderio, ne è l'opposto. Concedersi il sesso, abbandonarsi alla passione è qualcosa che Atena neanche contempla. Di fatto non ha nessun rapporto con Afrodite (quella sì: non fa altro che lasciarsi andare) e non le chiede, per nessun motivo, aiuto, come invece fa Era. Piuttosto la ignora: ai suoi occhi la passione e il desiderio non esistono.

Tutto questo fa di Atena la vera dea del lavoro – quei padroni che (illegalmente) ai colloqui cercano di sapere dalle loro dipendenti se intendono o meno avere dei figli, farebbero prima a chieder loro quanto sono devote alla dea. E comunque sbaglierebbero, perché Atena sa essere madre molto meglio di quello che si potrebbe credere: lei ha con gli eroi un rapporto materno, di custodia, protezione ed educazione, d'altronde accudire un figlio significa controllarne passo passo la crescita: in fondo, dal suo punto di vista non c'è niente di meglio, soprattutto perché a questo rapporto è proibito qualsiasi tipo di erotismo o passionalità. Per Atena un figlio (maschio) è la quadratura del cerchio, bisogna solo trovare il modo di evitare la scocciatura del sesso per doverlo fare e, poi, i nove mesi di gravidanza.

Nel nostro caso Efesto, illuso che lei lo possa desiderare, come lo sarebbe ogni altro uomo di fronte a una donna di una tale portata, la invita a cena. Lei accetta, pensando, chissà per quale motivo, che fra gli interessi del dio non ci sia altro oltre alle fiamme e alle armature. Suppongo possiamo davvero pensarlo come un invito a cena, d'altronde Efesto, dio del fuoco, è di sicuro anche un ottimo cuoco: per l'occasione avrà preparato delle memorabili costolette d'agnello ai ferri e, conoscendo la tipa, anche *gazpacho*, *tapenade* e *hummus* come aperitivo, poi un'insalata di arance, finocchi e olive nere. Aggiungi dell'ottimo vino, ne sarà venuta fuori una cena piacevolissima, piena di chiacchiere e vecchie storie di guerra e di fucina. Tutto splendido se non fosse che Efesto non può che innamorarsi di una donna così bella, altera e distaccata. Atena dal canto suo neanche se ne accorge, rimanendo concentrata su se stessa, nemmeno immagina quest'altra possibilità. Come dicevamo, il sesso, l'amore e il desiderio sono un modo di leggere il mondo che le è estraneo, li ignora – ed è questo il vero problema con lei, ignora tutto ciò che non le appartiene.

Comunque con Efesto, le cui capacità amatorie non possono essere certo messe in discussione (in fondo è il marito di Afrodite), va a finire che cerca di prenderla e lei a quel punto lo scansa, anche abbastanza irritata: come ha potuto pensare una cosa del genere (già, come ha potuto?). Glielo dice con una convinzione morale predisposta verso i sensi di colpa: adesso questa cosa del sesso proprio non c'entrava niente, hai rovinato tutto. Ma mentre lei si indigna, altezzosa e ripiegata su se stessa, non si accorge che Efesto ha già tirato fuori e messo in mostra tutto il peso della questione, se così possiamo dire, e gli è bastato anche solo avvicinarsi a lei per ottenere l'effetto e schizzare il suo sperma sulla coscia della dea. Immagino non ci sia niente che Atena detesti come lo sperma, così finisce per guardare malissimo il dio, poi prende un panno con cui si asciuga e lo getta via. Gli dèi portano sempre qualcosa, il loro seme è comunque fertile: così quello sperma feconda la terra da cui nascerà Erittonio, futuro re di Atene, che la dea comunque adotterà prendendosene cura con un'attenzione e una dedizione che solo la migliore delle madri potrebbe avere.

Dunque l'altezzosa distanza dal maschile, in Atena non è altro che presa di controllo e determinazione a non volersi abbandonare alla passione (o forse la paura di volerlo fare). Lo stesso vale per qualsiasi altra forma di coinvolgimento. Atena è come la curatrice di un museo: finché l'artista mette l'eros e l'ebbrezza nell'arte, va tutto bene, lei può tenere quella roba alla giusta distanza, preoccupandosi solo di curarne il risultato, cioè l'opera, e di goderne tutta la bellezza, ma senza sporcarsi le mani, né farsi coinvolgere più di tanto: così, tolto il guizzo creativo, alla fine l'artista farà quello che dice lei. Le poche donne con cui Atena ha a che fare dimostrano, in genere, una totale capacità di contenere le situazioni, l'esempio più fulgido è quello di Penelope. Per il resto vengono del tutto sottomesse, come accade ad Aracne, che invece osa sfidarla nell'arte della tessitura, dimostrandosi per altro più brava, il che le costa la sua trasformazione in ragno.

Alla fine il carico mentale sotto cui le donne finiscono per soccombere non è altro che un'esigenza spasmodica di controllo. E gli uomini non riescono a capirlo, perché – loro sì – sono capaci di lasciare che le cose, ogni tanto, vadano come devono andare. Così le femministe sbagliano ad affidare la loro devozione ad Atena (dovrebbero invece rivolgersi ad Artemide) perché del femminismo, anzi, la dea svela la principale debolezza: se il problema è l'articolata complessità del femminile, Atena volutamente la ignora. Certo, tutto ciò che riguarda il controllo, e quindi il potere, gli uomini lo prendono da lei, ma si tratta di qualcosa che è già del femminile. Tralasciare tutto il resto, e l'intricata complessità che ne consegue, non porta un buon servizio alle donne.

### *La bellezza e il controllo*

Dunque Troia si fonda, più che sull'idea di voler controllare il mondo attraverso la strategia e l'intelligenza militare, sul racconto di come almeno una volta, perfino per Atena, questo controllo non c'è stato. Il Palladio raffigura il caso in cui la passione, l'amore e l'amicizia hanno portato alla possibilità di perdere il controllo, cioè alla possibilità della morte. È su questo paradosso, già insito nel Palladio, che si fonda la città più solida del mondo, ed è in ciò la sua straordinaria grandezza. Perché Troia vuole l'amore, la bellezza e la passione, e vuole custodirli nelle sue possenti mura, avendone in un qualche modo il controllo; ma sapendo benissimo che ciò finirà per distruggerla. Questa è la fascinosa contraddittorietà dell'Oriente agli occhi dell'Occidente, e allora sembra quasi che i Greci, gelosi e stregati da una tale capacità dei loro nemici, vogliano conquistare la città per appropriarsi di un'incongruenza che il loro mondo non potrebbe contemplare.

Tutto questo, posso immaginare, Ettore lo sapeva molto bene. Così nella ferocia della guerra la prima cosa che capisce, da generale, è di dover trovare i favori di Atena: lui adesso deve pensare come Atena, deve cercare a tutti i costi di controllare la devastante forza che è appena esplosa venendo allo scoperto. Ettore quindi torna subito in città con le armi già sporche di polvere e sangue, per andare dalle donne di Troia a chiedere loro che si votino ad Atena. È chiarissimo qui che sono le donne (solo le donne!) a poter contenere la furia e la devastazione che è appena cominciata (se sapranno anche loro comprendere la profondità del femminile e non limitarsi a rivendicare ciò che è del maschile).

Sono convinto che si debba pensare all'*Iliade* come a un romanzo corale, dove a ogni eroe spetta una parte e ogni parte è significata da un dio. Non ha senso contrapporre Achille a Ulisse, Ettore a Paride, Enea a Diomede nelle nostre speculazioni; un po' come con le figurine, certo possiamo eleggere il nostro preferito, ma gli eroi dell'*Iliade* il più delle volte agiscono sotto i dettami della trascendenza che li muove; dunque non sono le parti di un conflitto, ma le diverse facce dello stesso conflitto (che per noi è interiore). Perfino Menelao, per quanto non riesca a piacerci quando cerca disperatamente di uccidere Paride (avrebbe le sue ragioni, ma lo fa con la foga del cornuto), ci emoziona quando difende fino allo stremo il corpo morto di Patroclo. Diomede ci appare misterioso (e misterico) nella sua capacità di vedere gli dèi almeno quanto Aiace ci spaventa per la sua disumana forza così legata alla terra e a Poseidone (la tempesta, il terremoto). In Agamennone riusciamo a leggere la protervia e l'arroganza del potere e, nello stesso tempo, la grandezza del suo esercizio.

Ma in questo catalogo degli eroi dove, per come rispecchiano il divino, possiamo riconoscere tutta quanta la nostra normalità (nella debolezza e nella forza), due figure svettano davvero alte, non tanto per le loro capacità militari o guerresche, ma proprio per la loro umanità.

Ettore e Achille sono entrambi forti, capaci nel combattimento, intelligenti sul piano militare e spietati nell'uso della forza: il modo con cui Ettore uccide Patroclo è pari soltanto al modo con cui lui stesso viene ucciso da Achille. Sono convinto che se quel duello fosse stato vinto da Ettore, noi avremmo finito per amare di più Achille: Ettore ci piace di più solo perché alla fine lo vediamo morire. Ma ciò che li unisce è la loro umanità, quale senso del destino riescono ad avere, quale consapevolezza hanno del mondo. Di Achille vedremo l'umanità solo alla fine di questa storia; quella di Ettore invece, la vediamo in questo frangente. Proprio nel momento in cui, da stratega, cerca di avere il controllo militare delle forze che si sono scatenate (e in buona misura, o almeno fino a un certo punto, ci riuscirà). Ma in un qualche modo sa benissimo che tutto porterà comunque alla rovina, ed è consapevole di quale sventura incombe su di lui, sulla sua famiglia e sulla città. Così, sapendo che di lì a poco il suo destino sarà compiuto, alla fine si aggrappa con tutto se stesso all'unica cosa che può dare compimento al suo essere eroe: l'amore per il figlio e per sua moglie Andromaca.

### *Essere eroi*

È chiaro che in questa scena c'è molto di più di quello che sembra. Perché se quello che sta cercando Ettore entrando in città è la possibilità di un qualche controllo, la scena finisce con una resa. Nel voler cedere al femminile, l'unica possibilità che gli resta di salvare se stesso e la città, le tre donne che incontra lo spingono a desistere e abbandonarsi al suo futuro. Tanto Ecuba che Elena e poi sua moglie Andromaca si mostrano nello stesso tempo ugualmente ferme e disilluse di fronte al destino che gli dèi stanno loro mettendo di fronte: non c'è molto da fare. Così qui viene messo in evidenza il legame che lega il senso del controllo, la consapevolezza, appunto, e l'intelligenza. È sempre di Atena che si tratta. Che, proprio per questo dimostra di essere una dea difficile da compiacere. Ettore non riesce a ottenere da lei quello che vorrebbe, se mai è la dea a ottenere quello che vuole dagli eroi; ma è interessante allora vedere da una parte come Ettore si sia illuso a riguardo, e dall'altra come le donne a cui si rivolge siano invece molto lucide. Immagino che questa consapevolezza femminile ci sveli il motivo per cui alla fine, in questa guerra, le donne saranno le uniche a sopravvivere. Tolta la loro condizione di schiave, che Euripide nelle *Troiane* metterà in scena con una così chiara evidenza, resta a loro il compito di tenere le fila della guerra. Se allora è vero che questa guerra nasce per via di un conflitto nel femminile, l'unica possibilità futura che ci viene data è una possibilità del femminile: il destino della sopravvivenza. Questo Andromaca sembra saperlo molto bene, nel momento in cui incontra suo marito per l'ultima volta.

Ettore si sta scontrando con l'aspetto più crudo e duro dell'idea di controllo. Finché si tratta di controllare la propria esistenza, ci si può illudere di poterlo fare. Perché riguardo a se stessi, alla nostra sorte, è facile ignorare ciò che ci sfugge, pensare di essere padroni del destino. Anzi spesso si finisce per volergli andare incontro accettandolo e subendolo, come se ciò significasse dominarlo. È in questo che Ettore e Achille sono accumunati nel loro essere eroici. Ma Ettore deve fare i conti con una verità tanto atroce quanto dolorosa: potrà accettare la morte e la sua sventura, ma verrà comunque messo di fronte al fatto che sulla vita di Andromaca, di Ecuba e di suo figlio Astianatte, invece, non ha nessun controllo. Lui è pronto a morire e così dare un compimento alla propria esistenza, ma è davvero pronto ad accettare che i suoi cari siano fatti schiavi e soffrano la sua mancanza?

La questione è sottile, perché l'eroe in quanto tale è di suo centrogravitato su se stesso, egotico ed egoista; quello degli altri, del prezzo che gli altri dovranno pagare per il suo essere eroico, è un problema che di solito non si pone. Ma Ettore non è così, e in questo noi vediamo e ammiriamo la sua umanità, perché continua ad amare suo figlio, sua moglie e la sua vecchia madre. Mentre Achille si accorgerà di amare veramente Patroclo solo troppo tardi, Ettore ha ben chiari i propri sentimenti prima ancora di arrivare all'apice della sua gloria di guerriero e di stratega. Allora non è un caso che sia tornato in città per chiedere la protezione di Atena, così come non è un caso che Atena questa protezione non la stia concedendo. Come Apollo con Agamennone riguardo al potere, Atena sta mostrando a Ettore i limiti del suo essere mortale: non può avere ciò che Atena governa perché, come Atena sa bene, non si può controllare fino in fondo la vita degli altri. Ettore adesso è costretto a scontrarsi con l'immagine atroce e dilaniante di suo figlio in pericolo di vita, di sua moglie costretta a subire la violenza dei suoi nemici, di sua madre indifesa e umiliata nell'essere resa schiava alla corte di stranieri violenti e malvagi. Il dovere di Ettore, il dovere che il suo amore gli impone, è di proteggere la madre, la moglie e il figlio – così come tutte le donne e i bambini di Troia – ma non riuscirà a farlo. Non c'è bisogno di dire altro per immaginarsi il dolore che prova. Questo non è nemmeno un dilemma, lui non è di fronte a una scelta, ma a un abisso, e in quell'abisso c'è suo figlio che piange e gli chiede una protezione che lui non gli potrà dare.

La scena è famosissima e altrettanto straziante, davvero non vale la pena qui raccontarla con parole diverse da quelle di Omero, sarebbe inutile. Anche perché non succede molto, lui guarda suo figlio sapendo di andare incontro alla morte, e di lasciarlo a un destino orrendo, e sta di fronte a sua moglie senza neanche saper bene come dirle il suo amore. Ma la verità è che non c'è nessun controllo, su niente, meno che mai sul nostro destino o su quello delle persone che amiamo. Ma stavolta, qui, se il maschile, di questa verità, non riesce in nessun modo a farsi capace, il femminile ne è perfettamente consapevole. Di fronte all'abisso del male che comunque li inghiottirà, Ettore riesce lo stesso ad amarli, ancora una volta, ancora un po': bacia sua moglie e gioca a nascondino con suo figlio: come se tutto fosse normale, come se l'elmo con cui adesso lo sta spaventando per farlo ridere non fosse lo stesso che, di lì a poco, egli indosserà per andare a morire. Perché è questa l'unica possibilità che gli è stata data.

Per come le avevano pianificate alla cattedra di Letterature comparate, le lezioni previste all'auditorio di Place Berthelot avrebbero dovuto essere cinque, da tenersi nell'arco di due settimane o poco più. Ma la mattina prima del secondo incontro Mainardi era andato in segreteria chiedendo se fosse possibile modificare la programmazione: voleva cambiare l'ordine degli incontri, così da potersi prendere maggior spazio, adesso, e quindi slittare le lezioni successive. O forse, aveva anche detto, potevano magari farne una sesta, da aggiungere alla fine, così da riprendere a quel punto il discorso sulla poesia che avrebbe cominciato ad affrontare quello stesso pomeriggio... Le segretarie non avevano capito bene di cosa stesse parlando e sinceramente Mainardi era sembrato anche un po' confuso, e agitato: così avevano chiamato al telefono Paul Monsaingeon, che all'epoca dirigeva il dipartimento, e che era riuscito a rassicurarle dicendo loro di non preoccuparsene troppo. A quel punto l'unica novità di rilievo era che il titolo per la lezione di quel pomeriggio sarebbe diventato "Tristezza e poesia nel sesto libro dell'*Iliade*": a parte il fatto che se ne sarebbero accorti in pochi, sul piano organizzativo non cambiava niente.

Con Monsaingeon si conoscevano dai tempi del biciclificio, ed era stato lui a indicare Mainardi al consiglio di facoltà del Collége come la persona più adatta per quegli incontri sull'*Iliade*. Senza voler finire su qualcosa di troppo accademico, doveva trattarsi di una lettura il più possibile attuale del poema; e, anche se nessuno si sarebbe aspettato quella sua svolta così spiccatamente romantica, tutto stava andando per il meglio. D'altronde era questo che facevano succedere ai tempi del biciclificio: mentre Gustave Thiollier tirava i cerchi di una qualche ruota e Fernando Persilles dispensava liquore di finocchio, con gli altri cercavano di perdersi in estenuanti discussioni sulla fondatezza politica della letteratura a partire dai versi di Shelley, da qualche passaggio sull'anima di Marsilio Ficino o da una *pièce* postmoderna che riprendeva il miglior Shakespeare politico. Tutto questo per dire che Monsaingeon era ben abituato alle fughe mentali di Mainardi e di certo non lo spaventavano. E comunque non c'era modo di sapere in anticipo quale filo avrebbe legato il suo discorso per quel pomeriggio, ma non per questo bisognava preoccuparsene. Anche perché lui avrebbe seguito una ben precisa direzione a ciò che venisse inteso da una ben precisa persona – con buona pace di Monsaingeon o delle segretarie di dipartimento.

Possiamo credere che Mainardi avesse bisogno di formalizzare i suoi pensieri riguardo a lei e a quello che stava loro succedendo; così aveva trovato il modo di far coincidere i suoi pensieri a riguardo con quanto aveva da dire adesso sull'*Iliade*. E forse già intuiva come sarebbe andata a finire quella storia, così non voleva trarre troppo presto le sue conclusioni. In tutto ciò, tanto per cominciare, stava dando per scontato che lei sarebbe venuta anche a quella seconda lezione – ma magari aveva altro da fare, in fondo non era venuta a Parigi per stare con lui. Invece, anche se in ritardo, alla fine lei era arrivata, si era affacciata dal fondo della sala con elegante discrezione e si era seduta nel primo posto dell'ultima fila che aveva trovato disponibile.

Nel suo parlare a braccio, Mainardi dava abbastanza l'impressione di perdersi, vagare dietro certi suoi incisi o continue digressioni, ma alla fine arrivava quasi sempre al punto e ogni digressione tornava sulla via del suo discorso. Ecco, più si avvicinava alla fine e più sembrava ben disposto a lasciarsi andare. Allora, dopo aver parlato di Atena e del suo particolare rapporto con la capacità femminile di controllare i fatti del mondo, in una divagazione nella divagazione, aveva cominciato a dilungarsi su quel passaggio del sesto libro in cui Ettore rientra in città. E lì aveva accennato a come, andando nei loro appartamenti a cercare Paride per riportarlo alla battaglia, Ettore aveva incontrato Elena. L'idea di Mainardi era che in quel brevissimo scambio di battute fosse contenuta l'essenza di tutta l'*Iliade*, che quel dialogo ne svelasse in un qualche modo il significato più profondo. In effetti è una pratica tutto sommato consumata, nella drammaturgia, quella di mettere in bocca a uno dei personaggi, nel bel mezzo del dramma e quasi fuori dal contesto, la chiave con cui si potrà comprendere tutta la vicenda. Nel nostro caso, e non è un caso, a parlare è Elena.

Ecco, voleva far passare quelle poche battute come il centro del dramma, una sola immagine attraverso cui poter rileggere l'intero poema. Mentre tutto porta verso la distruzione, Elena sta indicando il modo per trovare un senso alla condizione di miseria e sventura alla quale lei e gli altri eroi devono sottostare. Lei sa bene che Ettore di lì a poco morirà, e lo sa bene lo stesso Ettore: allora lo chiama a sé, dicendogli di fermarsi un momento, di venirsi a riposare. Questo non può essere soltanto un gesto di cortesia, o un modo per dimostrare il suo affetto: proprio perché sente incombere il peso del loro destino, Elena sa anche come solo la necessità dell'amarsi può avere eguale peso che il volere degli dèi – ed è forse l'unica cosa che gli possiamo contrapporre. Non è importante sapere cosa significa per loro amarsi, non stiamo parlando necessariamente della grande passione, del matrimonio o delle lenzuola. Questa cosa che lei vuole offrire a Ettore viene ancora prima, può anche essere soltanto una serata passata a camminare per il centro parlando di quasi niente, ma essendosi riusciti a dire, alla fine, il fatto di amarsi. Era questo, che stava cercando di dire Mainardi alla fine della sua seconda lezione. Volendoci fare attenzione si sarebbe anche potuta notare una leggera incrinatura nella sua voce, un piccolo tentennamento. Ma lo si poteva notare solo sapendolo prima, quale altra storia c'era dietro a quella sua spiegazione. Ma la verità, alla fine – e così aveva concluso senza voler specificare cos'altro si fossero detti Elena ed Ettore in quella circostanza – è che Ettore rifiuta l'invito a sedersi di sua cognata.

Quello che sappiamo è che alla lezione successiva Mainardi avrebbe fatto un lungo discorso sulle sorti della battaglia, il destino, Era, il suo rapporto con Zeus, le mogli, il matrimonio, la coppia, il sesso coniugale e avanti giù fino alla costruzione dei rapporti. Niente di più lontano, a voler sindacare, dalla sospensione della storia, l'affacciarsi all'eterno e l'ineluttabilità dell'amore di cui aveva parlato fino a quel momento. Detto ciò, in effetti, durante la lezione, tra la cattedra e le ultime file si erano fatti bastare giusto qualche sguardo e lui, per quanto fosse emozionato dalla sua presenza, aveva continuato a parlare senza darle apparentemente alcun peso: che lei avesse capito o meno ciò che voleva farle intendere, lui aveva già detto abbastanza e non c'era bisogno di stare lì a parlare ancora di Elena per tutto il resto del pomeriggio.

Finita la lezione, comunque, quando l'aveva cercata fra il pubblico mentre sistemava le sue carte, si era invece reso conto di come lei fosse già andata via. Si doveva essere alzata con la stessa elegante discrezione con cui era arrivata: facile che non avesse neanche sentito le sue ultime battute, la parte più importante, le conclusioni che lui non aveva avuto il coraggio di tirare troppo esplicitamente. Mainardi a quel punto deve aver pensato che è così che vanno certe cose, e che spesso la fine è già inscritta nell'inizio. In fondo lei aveva dimostrato altre volte di saper fuggire, e anche Ettore, a suo modo, non aveva avuto il coraggio di andarsi a sedere su quella poltroncina dove Elena lo aveva invitato: dunque prese le sue cose, salutò chi doveva salutare e si avviò verso l'uscita. Ma a quel punto la portinaia gli venne incontro: *Professeur?*, aveva detto dandogli un foglietto piegato in due, *de la parte de Madame*. Per poi aggiungere: *Elle a aussi dit qu'elle vous attend à six heures*.

Ecco, per quanto fosse abituato a maneggiare certe trame, questo Mainardi davvero non se lo aspettava, così sorridendo aprì quel foglietto: se permette, aveva scritto lei, la vorrei esortare: si distolga da ogni riflessione. Il pensiero analitico è nemico dell'erotismo o della passione. Viva quest'energia e ne goda: tutto il resto, che le è in avanzo, lo sfrutti per il suo lavoro di scrittore.

## Terza lezione

*Dinamica delle battaglia*

In questa guerra, almeno sulla carta, i Greci sono molto più forti: sbarcati con circa mille navi e una protervia che potrebbe avere soltanto la maggior potenza militare del mondo, si sono accampati a ridosso della spiaggia dove le navi sono state portate a secco. Se è vero che erano quasi duecentomila uomini, il loro accampamento di fatto è una piccola città. Agamennone, a capo dell'intero esercito, è considerato di gran lunga il miglior condottiero disponibile e non c'è motivo di credere che non vinceranno la guerra.

Ma, tolti i nove anni di assedio, già dopo il primo giorno di battaglia la realtà si sta rivelando abbastanza diversa e la bilancia su cui Zeus pesa le sorti degli uni e degli altri ha cominciato a pendere in favore dei Troiani. Non per altro, ma Ettore si è da subito dimostrato molto più capace, anche soltanto sul piano militare. Dopo il primo attacco, quando per tutto il pomeriggio i Greci sono stati in una posizione di vantaggio, è diventato chiaro che senza Achille non sarebbero andati da nessuna parte. Ma la verità è che Agamennone non è all'altezza della situazione – e da questo punto di vista Achille aveva visto bene, inquadrando subito la sua incapacità militare. E, anche al di là delle offese personali, si era sfilato dall'alleanza ritirando le sue truppe prima ancora che la battaglia avesse inizio. D'altronde sbarcare con una tale armata per far durare un assedio dieci anni non è certo la premessa di una campagna militare memorabile. Più avanti, non appena intuirà che la situazione si sta mettendo male, per due volte Agamennone cercherà la via per offrire una resa ai Troiani – cosa che gli verrà impedita dai suoi comandanti – ma nel frattempo, il dato di fatto è che Ettore è più capace di lui. Mentre il re di Micene si preoccupa di mantenere stabile il suo potere nei confronti di Achille o di chiunque possa minacciarlo, Ettore ha già combinato la sfida tra Paride e Menelao, organizzato le difese della città, cercato invano di ottenere la protezione di Atena, discusso d'amore e di altre inutili sofferenze con sua cognata, poi è andato ad abbracciare per l'ultima volta moglie e figlio e, quindi, ha combattuto fino allo stremo un duello contro Aiace. A quel punto, venuta la sera, ha negoziato una giornata di tregua per la sepoltura dei morti e ha cominciato a organizzare la sua controffensiva.

Noi seguiamo quello che accade vedendo tutto dall'alto, con gli occhi onniscienti di un narratore che ci racconta il punto di vista degli dèi più che quello degli eroi, ma se fossimo noi stessi in mezzo alla mischia le cose apparirebbero ben diverse: le sorti, da dentro la mischia, non sono altrettanto chiare. E questo è un dato fondamentale per capire cosa sta succedendo, soprattutto dal punto di vista degli eroi. Sperando di non irritare troppo i filologi, verrebbe da dire che è un po' come una partita di calcio, la fortuna dell'una o dell'altra squadra può cambiare anche abbastanza rapidamente. Qui la battaglia è fatta di duelli e, siccome l'epica del racconto è quella del combattere, per buona parte del tempo Omero descrive più che altro gli scontri tra gli eroi – come si scannano e, soprattutto, come muoiono sotto i colpi degli uni o degli altri. Allora è facile accalorarsi dietro ai singoli duelli, perdendo però di vista una battaglia che, invece, ha una sua chiara dinamica. A parte dal fatto che gli stessi dèi, del tutto disinteressati a quanti ne muoiano sul campo, danno attenzione quasi solo al piano strategico: loro sì che guardano la situazione dall'alto, vedendo per ogni singolo scontro dove porterà la vittoria o la sconfitta dell'uno o dell'altro schieramento, cioè da che lato stanno pendendo le sorti, perché la loro intenzione è in realtà di poterle influenzare. Allora, volendo ricostruire ciò che succede su di un piano militare, occorrerebbe seguire tutti i singoli duelli nei ventiquattro libri del racconto dato che a ogni avanzata, o retrocessione, corrisponde una vittoria o una sconfitta che dà forza agli uni o agli altri, spostando la battaglia o verso le mura della città o verso l'accampamento dei Greci a ridosso delle navi ormeggiate a riva.

Ecco: dalla metà del primo giorno, la partita cominciano a vincerla quelli che, sulla carta, erano dati per sfavoriti. Tolto il duello iniziale in cui Menelao la ha vinta su Paride, e i primi combattimenti dove Diomede fa strage di Troiani – come direbbe Omero – di lì in avanti i Greci smetteranno di contenere la loro avanzata. E questo soltanto perché Ettore, rientrato dalla città dove era salito per quelle sue questioni che già sappiamo, comincia a giocare la sua partita: prima di tutto propone un nuovo duello, offrendosi di sfidare colui che i Greci vorranno scegliere. Viene tirato a sorte Aiace Telamonio e qui la questione diventa interessante perché lo scontro finisce in parità, dunque sembra proprio che le forze in campo adesso siano equivalenti. Ma, visto il calare della sera, viene negoziata una tregua che permette agli eserciti di seppellire i propri morti – quindi cremarli e poi tumularne le ossa, un'operazione abbastanza complessa che difatti richiede un giorno intero – il che ci dà la misura di quanto quella prima, breve, frazione di combattimenti sia stata cruenta e sia costata in termini di vite umane, dato che servono almeno dodici ore per seppellire tutti i cadaveri. Ma è a questo punto che Ettore comincia a mettere in atto la sua strategia: lui vuole avanzare sui Greci fino a sfondare le protezioni, invadere il loro accampamento e bruciare le loro navi: quindi sovvertire la propria posizione di assediato mettendo a sua volta sotto assedio i Greci nel loro stesso accampamento. E dal terzo giorno infatti (il secondo di battaglia dopo la tregua) comincia a venir fuori la supremazia dei Troiani che avanzano sempre più serrati in direzione della spiaggia – tanto che i Greci, prevedendo il peggio, costruiscono una fortificazione per proteggere la postazione e le navi.

*Le sorti*

Ecco, è questa supremazia dei Troiani che Zeus ha appena pesato sulla sua bilancia – dopodiché ha anche chiesto agli altri dèi di non intervenire più a favore dei Greci o dei Troiani. Più che chiederlo lo ha ordinato. Questo è il peso della Necessità che Zeus deve assecondare e che segna la sorte degli uomini. Gli altri dèi ne sono estranei, non conoscono le sorti e infatti cercano continuamente di influenzarle, senza per altro riuscirci; ma è come se si appendessero con tutto il loro peso alle braccia della bilancia che Zeus tiene in mano. Così il padre degli dèi, oltre al resto, deve dar retta a tutti loro. Allora Zeus andrebbe pensato come quel padre a cui tutti chiedono qualcosa: i figli, la moglie, la madre al telefono, i suoi fratelli e perfino l'amministratore di condominio: ci sono decisioni da prendere, cose da pianificare, aiuti da somministrare, consigli da dispensare: la versione di greco, le valigie da mettere a posto, cosa fare ai Solazzo sabato prossimo per cena, andare o meno a vedere la partita di uno dei figli, la stoffa nuova per il divano, la tassa sui rifiuti, un nuovo gestore del telefono, la costruzione di un'altra astronave lego, per non dire di quell'ambigua interpretazione del mondo per come si presenta sotto le spoglie dell'Agenzia delle Entrate. Non stiamo parlando dell'uomo o del maschio, neppure del marito, ma della funzione del padre, che per altro potrebbe ugualmente essere svolta da una donna, come spesso, in effetti, accade – quello che conta, allora, è l'attenzione che il padre riesce a dare. E se il suo compito è offrire attenzione alla famiglia, nessuno si pone il problema di quale sia il suo punto di vista, perché le decisioni che prende riguardano perlopiù il mondo di fuori – mentre i figli, la moglie e la madre ne hanno una visuale rivolta all'interno. Nello stesso modo, le richieste che gli altri dèi fanno a Zeus durante la guerra non tengono in considerazione quello che lui, nel frattempo, sta cercando di fare per tenere in equilibrio tutto quanto accade – anzi per sovvertire, svuotare e ricomporre quell'equilibrio.

Allora la scena in cui Zeus mette le sorti di Greci e Troiani sulla bilancia ci fa capire come il suo compito sia quello di soppesare l'importanza del mondo nelle sue diverse parti. E per quanto – come dice Omero – alla fine la sorte dei Troiani li farà sprofondare nella distruzione della loro città, quello che sta cercando di ottenere Zeus è comunque un punto di equilibrio: e chi cerca equilibrio lo cerca su tutti i piani – di sicuro non per se stesso o per la propria parte. Di questo, abituati come siamo a osservare la scena solo dal nostro punto di vista, non riusciamo a renderci conto: quando la sorte favorisce i nostri nemici, ci convinciamo che se stanno vincendo loro è per una qualche sventura, un capriccio della fortuna o, appunto, degli dèi – quando il più delle volte sbagliavamo noi a credere di poter vincere. Ma il vero problema qui, è teologico: la nostra intelligenza – a maggior ragione se obnubilata dall'arroganza – non può davvero comprendere, né tantomeno contenere, l'intelligenza di un dio. Perché Zeus è una ragione che resta insondabile dalla nostra. Le decisioni che prende, o le sorti che attribuisce, sono sempre quelle giuste, necessariamente giuste – proprio per questo lui ha una bilancia. Siamo noi che non arriviamo a comprenderle, fraintendiamo o misconosciamo gli eventi volendoli leggere in un modo univoco rispetto a noi stessi. Ma ancora una volta, è la nostra limitatezza a voler mettere in discussione la trascendenza – in questo caso il giudizio del dio. Noi possiamo anche pensare che le cose sarebbero potute andare in modo diverso, che in realtà la situazione era un'altra o che la trama di questo racconto avrebbe dovuto seguire altri fili: ma il fatto è che se nel mito le cose vanno in quel particolare modo, è perché la verità è quella, noi dobbiamo limitarci a chiedercene il motivo, ma è sciocco e inutile metterla in discussione.

Dunque le sorti, qui, si muovono verso il compimento di un destino che sovrasta gli stessi dèi e di cui Zeus detiene soltanto il governo. La cosa diventa perfino sottile, sul piano narrativo, perché lo stesso Zeus svela agli altri dèi, neanche fosse un film che lui ha già visto, come andrà a finire. Quello che deve succedere è che Ettore arrivi fino alle navi greche e dia loro fuoco; solo a quel punto, quando Patroclo verrà allo scoperto, così che il principe troiano potrà ucciderlo, Achille tornerà a combattere. Volendo sondare la questione a un livello ancora più profondo, ciò che è necessario qui è che Achille uccida Ettore. Di questa necessità, Zeus è perfettamente consapevole, è questo il destino eroico di Achille, ciò che deve essere compiuto – solo così potrà morire al culmine della sua gloria.

Tutto quello che succede nel frattempo sono dettagli abbastanza ininfluenti alla necessità della guerra, anche se ci dicono la sostanza umana di questo racconto. Alla fine del terzo giorno i Troiani arriveranno davvero a ridosso della fortificazione greca. Di notte Agamennone manda Diomede e Ulisse a spiare l'accampamento troiano, ma non ne cava molto più che la certezza di una imminente disfatta, così si convince a offrire enormi ricchezze ad Achille per farlo tornare a combattere. Achille rifiuterà e, il giorno successivo, i Troiani, sempre dietro a Ettore, riusciranno a sfondare le fortificazioni conquistando l'accampamento greco e puntando alle navi per dar loro fuoco. È evidente che per i Greci perdere le navi segnerebbe una disastrosa disfatta che li costringerebbe a restare per sempre aggiogati al potere troiano. Questo è il momento di massima tensione, quel tipo di climax narrativo che sceneggiatori e allievi delle scuole di scrittura creativa cercano di ottenere con notevole fatica e grandi sacrifici. Ma è proprio a questo punto che la storia sembra fermarsi.

Non è tanto la battaglia che si ferma (Aiace in effetti con un breve ma glorioso combattimento arriva quasi a uccidere Ettore tirandogli dietro un enorme masso) ma un po' tutto quanto l'ordine dell'universo. Questa pausa non durerà troppo a lungo – giusto il tempo di un riposino pomeridiano, o quel tipo di sonno che viene dopo l'amore – ma in quel frangente l'equilibrio si sbilancerà dandoci l'illusione che la storia potrebbe prendere tutta un'altra piega. Finito quel sonno, e quell'amore, tutto riprenderà il suo corso ed Ettore riuscirà davvero ad arrivare fino alla spiaggia, dando fuoco alla prima delle navi greche. Da questo punto la storia si sdipanerà poi nella sua trama verso una conclusione così chiara, e nota, che Omero neanche si prenderà la briga di volercela raccontare – gli eventi cominceranno a ripiegarsi uno sull'altro fino a che non succederà ciò che sin dall'inizio doveva succedere. Ma noi adesso dobbiamo concentrarci su quella sospensione e sul sonno che la provoca.

### *Era*

Perché in tutto ciò l'idea di Era è che suo marito stia parteggiando per la parte sbagliata. Questa, bisogna dirlo, è un po' l'idea di tutte le mogli: come se ci fosse sempre una posizione da cui il marito si dovrebbe contrapporre al resto del mondo in difesa della famiglia. Sembra quasi che lei non veda neanche bene quello che sta facendo Zeus: non lo sa, ma sa che dovrebbe fare di più per lei. Di nuovo, anche qui stiamo parlando della moglie, la sposa, non necessariamente della donna: è un ruolo, non un genere. La verità, allora, è che dal punto di vista della moglie non esiste il resto del mondo, lei deve difendere gli interessi della famiglia, anche se lo fa attraverso una visione abbastanza limitata della realtà. Era non sembra aver capito molto di quello che sta succedendo, ma vede comunque come unica possibilità quella della distruzione di Troia. Troia finirà per essere distrutta, e questo lo sanno sia Era che Zeus, ma ciò a cui Era non dà alcuna attenzione è il come si arriverà a questa distruzione. Perché se, come stavamo dicendo, per gli dèi la cosa interessante è la dinamica della battaglia, per gli eroi conta ciò che accade nel frattempo: le sorti e il destino non sono nel finale, ma nel mezzo. E la visione di Era, allora, è limitata dal fatto che non riesce (o non vuole) ragionare in prospettiva. Sembra che soltanto Zeus sia capace di una visione del futuro. Attenendosi all'attuazione di questo futuro, lui sa cosa deve succedere, è la sua bilancia a dirlo, e farà in modo che accada. Ma Zeus sa anche che la differenza è nel come si arriverà a compiere questa necessità: cosa diranno gli eroi di tanto memorabile nel momento in cui stanno per essere uccisi. Per questo difende Ettore: il suo scopo non è che Troia venga distrutta, ma che attraverso la distruzione di Troia gli eroi, tutti quanti gli eroi, vadano incontro al proprio destino: lo compiano. E qui non deve compiersi soltanto il destino di Achille, ma anche quello di Ettore, che è inesorabilmente legato al suo, e poi quello di Patroclo, quello di Ulisse, di Aiace, di Diomede e di tutti gli altri.

Tornando a Era, invece nella sua ossessione per la distruzione di Troia viene alla luce tutta l'incapacità di sintesi della dea. Lei non solo vuole una cosa molto precisa, ma vuole deciderlo lei, e vuole anche che accada proprio nel modo che dice lei. Dal suo punto di vista il marito sta lì, in quanto marito, soltanto per attuare ciò che lei ha già deciso – un po' come quelle mogli che pretendono sia il marito a preparare la cena, ma deve farla con un menù che hanno stabilito loro e cucinando secondo le loro direttive. La determinazione di Era qui è tale da pretendere di decidere lei stessa le sorti (in entrambi i sensi di questa parola) del mondo e quindi degli eroi. Così, ammesso che riesca a comprendere la visione ampia, universale e onnicomprensiva che è abitata nella mente di suo marito, l'unico modo per lei di contrapporsi a Zeus è offrendogli quell'altro universo che lei ha fra le gambe, e che sprofonda ugualmente nell'infinito della necessità. Quindi lo seduce.

Era è la forza e la volontà, la determinazione, è la capacità di volgere qualsiasi situazione a proprio vantaggio, forzando fino all'estremo la realtà, al punto da schiacciare chiunque si metta di traverso ai suoi progetti. L'energia e la volontà di Era rischiano perfino di apparire superficiali per quanto sono fine a loro stesse. È chiaro, lei è all'opposto di Afrodite, che si fa trascinare dagli eventi seguendo la corrente e la brezza del mare fin dove la passione vorrà portarla. E non è neppure il controllo che riesce ad avere Atena, la sottile capacità di modificare gli eventi. Era li piega, gli eventi, devia le onde e cambia i fatti, pur di far accadere le cose come pensa lei. In termini coniugali, fa del marito quello che vuole, piegandolo alle sue decisioni e alla sua determinazione. Se fosse per lei, lui dovrebbe andare fuori solo per guadagnare i soldi necessari alla famiglia – nonostante i soldi necessari siano sempre molti più di quelli che lui guadagna – e nonostante sarà lei, comunque, a volerli gestire. Al marito, allora, non resterà che crearsi uno spazio tutto suo, una piccola stanza che, per quanto piccola, avrà una finestra da cui uscire per tornare nel mondo (e, volendo, incontrare qualche amante). Tutto questo la psicoanalisi lo spiega molto meglio di quanto non lo si possa fare noi (in particolare la psicologia analitica di Jung e la psicologia archetipica di Hillman); ma siccome so bene di muovermi sulle spine, vorrei limitarmi a considerare la cosa soltanto su di un piano di plausibilità letteraria.

Come che sia, chiunque sia l'attrice a cui vogliamo far giocare il ruolo della moglie, è chiaro qui che l'importanza di Era è pari soltanto alla sua determinazione e alla prepotenza con cui riesce a imporre il suo punto di vista. Perché la verità è che se non lo facesse, la società imploderebbe su se stessa nel giro di una sola generazione. E lei lo sa molto bene. La bellezza di Era è proprio nella consapevolezza e nella sua capacità di contenere:

contenere i figli, la famiglia, lo stato, il regno e soprattutto suo marito – che trattandosi di Zeus non è un dettaglio da poco. Era è il matrimonio e la famiglia, quindi lo stato, la stabilità sociale, l'educazione dei figli, il fatto stesso di fare dei figli, la casa, la tavola, la cucina, il cucinare o piuttosto, la cena: tutto si muove per quell'affermazione della famiglia, quindi del proprio posto nella società (ciò che siamo abituati a chiamare lo status). È talmente forte il ruolo del femminile, in tutto ciò, che di solito il marito si limita ad apparecchiare la tavola e, sbagliando l'ordine in cui vanno le posate, si costringe a farsi sgridare e, quindi, correggere. Quando Elena sta a cena con Paride, Menelao è di certo compiaciuto di quanto lei sia bella e desiderabile, quasi la mette in mostra, non tanto come oggetto del desiderio (c'è anche questo nella becera psicologia maschile), ma come valore aggiunto al suo essere regina. E la regina lì sta facendo la parte di Era, organizza la cena e mostra al futuro alleato di suo marito la solidità e la stabilità del suo regno (ma se Elena è il regno, è chiaro come i Greci non possano in nessun modo permettere che venga portata via). Questo aspetto è fondamentale: dal punto di vista politico non può esserci un'alleanza senza che ci sia un patto e non può esserci un patto senza che ci sia una cena. E la cena viene fatta dalla regina, concerne soltanto il femminile – cucinare riguarda Estia, il focolare, ed Efesto, il forno: ma la cena la fa Era, cioè la pensa, la organizza, la gestisce lei. Così, nel momento in cui Elena cede il suo sguardo a Paride, tradisce il suo ruolo di regina per onorare il desiderio d'amore della donna. Questo è imperdonabile dal punto di vista di Era, perché Elena in quel momento ha dato molta più importanza a ciò che è di Afrodite. Allora, più che come un'oca civettuola prigioniera della sua stessa bellezza, Elena dovrebbe essere vista come un'eroina del femminismo, perché rivendica la completezza del femminile: vuole essere nello stesso tempo sia Era che Afrodite, e forse anche Atena. Solo che, come infatti accade alla maggior parte delle donne, fa un'enorme fatica a farlo: e alla fine non ci riesce.

Ma la sposa, Era, è tale in virtù del fatto che c'è anche un marito, Zeus. Facile che lei sia talmente ingombrante che quello, stando in casa, finirà per piegarsi a lei, andrà perfino a fare la spesa e se serve piegherà i pedalini. Lui sa benissimo che un marito è tale se c'è una moglie e che il suo ruolo nel mondo, quindi il suo potere, dipende da quella casa e dalle cene che riesce a organizzare. Per quanto la maggioranza degli uomini non abbia consapevolezza di tutto ciò, non c'è dubbio che il potere del re dipende dal fatto che la regina gli dia o meno dei figli: senza figli, quindi senza famiglia, lui rimane un chiodo senza punta. Per questo suonano così strane quelle monarchie dove regnano le regine; perché devono fare tutto quanto loro, i figli, organizzare le cene e governare il paese, riducendo il marito a poco più che un soprammobile (la più grande fra tutte le regine, difatti, oltre a offrirci il miglior teatro di sempre, ha visto bene di non fare figli).

### *Sui matrimoni e la stabilità del mondo*

Da questo punto di vista, volendo semplificare la questione (e forse darle un leggero tono maschilista), la ragazza borghese che deve scegliere per sé il giusto marito sa bene come quello giusto è chi può garantire stabilità, solidità e posizione sociale alla famiglia e che l'amore in tutto ciò c'entra molto poco – infatti Elena ha scelto Menelao. Fino a un certo punto le cose sono state così anche formalmente – e le questioni di Era erano ben distinte da quelle di Afrodite. La nostra idea di potersi scegliere lo sposo o la sposa per via del trascurabile fatto di esserne innamorati non era neppure una possibilità da prendere in considerazione. Ora come ora, invece, pensiamo davvero di poter amare il nostro futuro consorte, ma in realtà stiamo amando la famiglia da cui proviene, la sua professione, la sua dichiarazione dei redditi, il quartiere dove abita o dove comprerà casa, la facoltà a cui si è iscritto, al limite la comitiva che frequenta, la squadra di calcio per cui tifa, il gruppo scout dove ci siamo incontrati o la parrocchia dove abbiamo fatto insieme il catechismo. Intendiamoci, sono tutti ottimi motivi per sposare una determinata tipologia di marito o di moglie, basta non pensare di averlo sposato per amore o per via di una qualche intesa fra le lenzuola, perché quelle sono cose che riguardano Afrodite. L'attrazione e il sesso, se mai, verranno dopo – e, lo sappiamo benissimo, sono cose che così come vengono poi se ne vanno. Mentre i figli, la casa e i fondi fiduciari investiti sulla borsa di Londra resteranno, perché nel frattempo siamo sotto la protezione di un'altra divinità.

Certo, può anche succedere che a un certo punto ci si innamori di un principe troiano venuto a cena, dell'istruttore di nuoto o (in una versione molto più triviale della stessa storia) di un vecchio amico incontrato dopo trent'anni a una qualche conferenza. La letteratura è piena di queste storie, e in genere sono le migliori – per comodità è lei che s'innamora, ma questo è un dettaglio del tutto ininfluente ai fini della questione. La sostanza è la stessa, non cambia di molto chi sia, che cosa faccia o cosa voglia l'altro: l'unica cosa che conta è che ci sia soltanto lui, o lei. Perché è questo che significa innamorarsi, avere l'anima diretta in una sola direzione. Ed è questo, semmai, che finisce per scatenare le guerre. E quando succederà qualcosa del genere, a chi succederà, se sarà bravo cercherà di limitare i danni, amerà senza riserve l'istruttore di nuoto o l'amico poeta per una settimana o quello che occorre, ma poi tornerà al marito lasciando quell'altro ai propri versi o alla piscina comunale. Certo questo significa dover reggere il contraccolpo e il contraccolpo potrà anche essere molto doloroso, perché la poesia, tutta la poesia, finirà per significare un pericolo mortale, ma quel pericolo, quel morire, sarà l'unica cosa che la farà sentire davvero amata, quindi viva. Ecco: la vera essenza di Afrodite, essenza di cui neanche la dea sembra esserne consapevole, è questa: l'unica cosa che ci fa sentire davvero vivi non può che portare alla morte. Questo fatto, tanto vero e radicato, non trova alcuna spiegazione o senso o riparo dentro a nessun matrimonio. Poi ci sono anche, certo, quelle – molto più coraggiose – che scappano con il principe troiano costringendo intere nazioni a pagare il prezzo di questa fuga. A chi, invece, sin dall'inizio si sposa l'istruttore di nuoto (il poeta o il principe troiano – che era poi quello che oggi diremmo uno scappato di casa) la vita matrimoniale porta più che altro complicazioni e un'enorme fatica, perché quando ci si sposa, bisogna offrire i giusti tributi alla giusta dea – ma Afrodite non è la dea del matrimonio.

Dunque nel pieno della battaglia, anzi al suo vero e proprio culmine, quando tutto sembra portare nella direzione sbagliata, Era vuole che le sorti cambino per come dice lei, che si arrivi a quello che vuole lei e nel modo in cui dice lei. Non le basta che Troia venga distrutta, deve accadere nel modo in cui lei lo ha pensato. E il suo pensiero, così come coincide con la famiglia, perché la famiglia si tenga in piedi deve coincidere con il resto del mondo. Ma è Zeus a tenere in mano le sorti del mondo, e lo fa in un equilibrio che va ben oltre il problema del matrimonio e della stabilità di una particolare società. Questo a Era non interessa: così, per poter cambiare le sorti della battaglia, deve permettere a Poseidone di intervenire in aiuto dei Greci, e bisogna allora che Zeus si distragga, meglio ancora se si addormenta.

È per questo che, nel momento decisivo il tempo si ferma e la storia smette il suo corso: quello che vuole Era è tornare all'inizio dei tempi quando con suo fratello Zeus erano appena ragazzi e di nascosto dai genitori inventarono l'amore coniugale – cos'è l'amore e il sesso per chi riesce a essere unicamente una coppia. Qui non c'entra più il matrimonio, non è l'istituzione, a cui dà forma la sostanza, si tratta di quando due, in quanto coppia, riescono a coincidere. È chiaro che da questo punto di vista, la coppia è una conseguenza del matrimonio, il suo fine ultimo. Ma il matrimonio non è necessario alla coppia, non quanto la coppia, invece, è necessaria al matrimonio. Zeus ed Era, prima ancora che sposi, sono fratello e sorella, cioè a un passo dall'essere la stessa cosa, la loro intesa è tale che appena possono cercano il modo di consumarla, e si nascondono sull'isola di Creta dove cominciano ad amarsi in un amplesso che dura trecento anni mentre, sotto ai loro corpi avvinghiati in un amore tanto limpido quanto profondo, per poterli accogliere e contenere, continuamente cresce un manto di prato fiorito. Questa visione così primigenia dell'amore e del sesso è la matrice di tutti i rapporti: nello stesso momento del desiderio e prima ancora della relazione, quindi del matrimonio, della costruzione, della famiglia, dello stare insieme o delle dinamiche di coppia o del gioco delle parti, forse persino prima ancora del maschile e del femminile, c'è l'unione che viene dal desiderio e che trova il suo compimento nell'amore – e nel farlo, l'amore.

### *Luminosa seduzione*

C'è questa storia di quando Zeus ed Era discutono di chi sia il maggior piacere durante il sesso, se delle donne o degli uomini. È una questione di suo complicata, non è semplice già definire cosa sia il piacere, figuriamoci quantificarlo in una qualche oggettività comparativa. Ma in tutto ciò la cosa interessante, qui, è che Era nega del tutto la questione: a sentir lei, le donne non provano alcun piacere – e già questo dovrebbe spiegarci come, con la liberazione della donna e del suo corpo, si sia andati contro un segreto che le stesse donne hanno cercato di custodire per millenni. Comunque, la storia dice che all'epoca Era nega del tutto di provare piacere, ma Zeus, che sa tutto, non si lascia ingannare, così decidono di andare a chiederlo a Tiresia l'indovino. Questi, tempo prima, aveva visto due serpenti che si accoppiavano e, colpendoli con un bastone per separarli, era stato mutato in una donna. A quel punto, come donna, aveva vissuto la sua vita, dopo di ché aveva colpito altri due serpenti ed era tornato uomo. Così, avendo vissuto tanto come donna che come uomo, avrebbe potuto rispondere alla domanda.

Tiresia, interrogato, non ha dubbi – in fondo non ci voleva l'accuratezza della filosofia analitica o della psicologia del comportamento: avendo provato piacere da entrambi i lati, risponde che la donna ne prova molto di più (sembra che la risposta esatta fosse abbastanza articolata, cioè che se il piacere fa dieci, la donna ne prova nove parti e l'uomo una). Come che sia, Era si infuria con lui, per aver svelato un tale segreto, e lo acceca;

allora Zeus, ben contento di averlo conosciuto, quel segreto, gli dà in cambio il dono della preveggenza.

Tolto il fatto che, a quanto pare, la visione del futuro costa la visione del presente e viene da una qualche forma di consapevolezza sessuale, la disputa ci mostra molto delle dinamiche di coppia. E soprattutto del disperato tentativo, da parte maschile, di stare dietro a un piacere che lo surclassa in modo tanto spropositato – non basti il fatto, del tutto increscioso, che le donne possono anche decidere di non provarne affatto. A questo punto, però, l'immagine dell'uomo che, affaticato e ansimante, le chiede se le sia piaciuto, senza aver minimamente idea di quanto, spiega tutto il resto: il vero problema, almeno dal punto di vista maschile, è di doverlo colmare quel troppo divario che lo separa da lei. Tutto questo, in linea di principio, potrebbe significare che il sesso andrebbe tenuto fuori dalle questioni matrimoniali e che l'illusione (cattolica) di come le faccende si possano conciliare rimane, appunto, un'illusione. D'altronde l'unico modello femminile del cattolicesimo è quello della vergine madre, da questo punto di vista abbastanza limitato e contraddittorio, oltre che insostenibile: non perché fra gli dèi, e quindi come possibilità del femminile, non debba esserci anche la verginità, ma proprio perché le espressioni del femminile sono invece tante, diverse, articolate e di per sé anche contraddittorie. Certo, quello di Era non è l'unico modo femminile di vivere il sesso (c'è anche quello disinteressato e liberatorio di Afrodite o quello al negativo di Atena e Artemide) ma la sposa di Zeus sa benissimo come farne uso, volgendo al suo fine la seduzione del marito.

D'altronde è evidente, anche senza bisogno che ce lo venga a dire Tiresia, che da quel punto di vista le donne si divertono molto più degli uomini – i quali, nel peggiore dei casi, si spingono fino alla violenza per cercare disperatamente di eguagliarsi a tanta leggerezza, grazia e godimento. Ecco, quel divertimento è di Era. Bisogna immaginarla mentre ride, perché è una risata che mette in gioco tutta la sua energia, vitalità e forza di volontà. Gli uomini di solito ridono compiaciuti della propria forza o della loro ironia sulla propria forza; oppure ridono del sesso nel suo aspetto volgare, intimamente compiaciuti. Le donne, piuttosto, ridono nel sesso, o per il sesso; altrimenti preferiscono di gran lunga ridere insieme ad altre donne (ed è davvero difficile capirne il motivo). Ma sembrano di per loro molto più pure nel sapersi divertire di quanto non facciano gli uomini costretti a mettersi costantemente in gioco e in competizione. Ma soprattutto le donne sanno ridere nel sesso perché si possono permettere di prenderlo molto meno sul serio, non avendo troppo da dimostrare e potendo goderne in una misura tanto maggiore. Allora possiamo immaginarci Era che, con quei suoi occhi enormi spalancati sul mondo, riesce a fare di suo marito quello che vuole. A quel punto, nella moglie, il sesso sembra quasi avere come secondo fine la sottomissione del marito, il suo controllo. Per questo possono permettersi di viverlo in tutta libertà: perché a qualunque donna che lo voglia, basta uno sguardo per accendere il desiderio di qualunque marito, mentre quella opposta è cosa ben più difficile.

Sembra ci sia un passaggio del *Viaggio in Grecia* di Pausania in cui si racconta di un bassorilievo nel tempio di Era dove è raffigurata la dea che accoglie in bocca il fallo eretto (molto eretto) di Zeus. E dove si dice anche che per nessuna altra dea si sarebbe potuto osare un'immagine simile, cioè quel tipo di raffigurazione. Così viene da chiedersi per quale motivo non possiamo farci l'immagine di Afrodite che prende in bocca il fallo di Ares, o di chiunque per lui, ma di Era invece sì. La questione è importante perché mette in luce come l'azione erotica sia alla base della solidità coniugale: è solo Era, dea del matrimonio, che la può (e la sa) compiere con una totale consapevolezza e maestria. Qui, è evidente, il rischio maschilista incombe ma, consapevoli di correrlo, ancora una volta se il mito pone l'accento sulla questione coniugale è per motivi opposti a quelli che una lettura patriarcale e maschilista vorrebbe imporci. E come sempre nel mito, anche qui andrebbe vista come una questione simbolica: quello che può fare Era, ma che non sarebbe concesso a nessun'altra fra le dee, è di inghiottire (e per intero) tutto quanto il potere di Zeus. A questo punto si potrebbe anche fare una lunga divagazione, questa sì, psicoanalitica (freudiana) sul fallico e il finto fallico: credo anche ci fosse una psichiatra francese (meglio ancora, di scuola reichiana) che in proposito voleva scrivere un saggio breve giacché non tutti i fallici (in senso psicologico, è chiaro) sono tali e molti, anzi, cercano di mostrarsi così al mondo, ma poi, alla resa dei conti, non vorremmo dire che non sono della giusta misura, ma nient'affatto individuati riguardo al loro ruolo nella società prima ancora che sotto le lenzuola.

Ed è a questo punto che viene fuori la complessità del rapporto coniugale, così come Era e Zeus, nel loro essere la coppia divina, mettono tanto in evidenza. Al maschile (fallico) si deve contrapporre la consapevolezza femminile del poterlo contenere – e non soltanto di esserne contenuta. Ma, soprattutto, il racconto ci dice come questa consapevolezza venga in realtà fuori nella leggerezza, nella semplicità e nella capacità che la donna ha di divertirsi durante l'amore, di poterne ridere: la risata è la miglior forma con cui la signora degli dèi riesce ad affrontare la questione.

Soltanto questa leggerezza porta equilibrio tra le lenzuola, solo con Era Zeus riesce a spogliarsi dei panni del conquistatore per mettersi sullo stesso piano di sua moglie – e questo dipende da lei, è importante sottolinearlo, non da lui: perché per lui si tratterebbe soltanto di inseguire e acchiappare, prendere. Il che, per carità, è fondamentale, ma le cose non possono limitarsi a ciò. Tornando a Era, questo suo modo di amare, così pieno di leggerezza, riso e divertimento sembra superiore perfino a quello della stessa Afrodite che, essendo legata al desiderio, quindi a una tensione che deve trovare un compimento, chissà se riesce a divertirsi altrettanto. Tutto questo viene messo in evidenza in questo passaggio del XIV libro dell'*Iliade* in cui Omero racconta di come Era, nel pieno della guerra, decide di sedurre Zeus.

Dunque è di questo equilibrio del piacere che stiamo parlando. Ed è questo equilibrio del piacere che Era vuole ottenere, adesso che si appresta a sedurre Zeus. È importante tutto ciò, non solo per la bellezza (e l'erotismo) della scena a cui stiamo per assistere, ma perché non dobbiamo limitarci a pensare questa seduzione come un'azione diversiva per ottenere la distrazione di Zeus – cioè una mossa strategica. È certamente vero che Era seduce Zeus per ottenere qualcosa da lui, ma la verità qui è che anche Era deve abbandonarsi al desiderio per ottenere il suo scopo; il racconto dice di come prima vada da Afrodite a chiederle in prestito la seduzione, il che significa che è costretta a chiedere al suo nemico, quindi a cedere al suo opposto e accettare di perdere il controllo, il potere e la sua visione univoca della realtà. E proprio perché Afrodite è invece una visione polifonica, orchestrale (un quartetto d'archi senza nessuno a dirigere che non siano tutti gli orchestrali in totale armonia, ascolto, dedizione) non ha problemi a concederglielo. Questa resa di Era ad Afrodite ci dice anche come Afrodite, per quanto qui sia una parte in causa, uno dei tre termini di questo conflitto, è nello stesso tempo sopra al resto. Chiunque può accedere al desiderio quindi a un piano diverso della realtà, chiunque lo voglia può abbandonarsi alla passione, ma dovrà – appunto – abbandonarvisi. Anche se lo fa con un suo scopo, un secondo fine, nel momento in cui lo fa, di abbandonarsi, finirà comunque per perdercisi dentro. Era otterrà quello che vuole (distrarre Zeus) anche se per poco, ma nel momento in cui si presenta a lui con la cintura del desiderio di Afrodite che le cinge i fianchi, anche lei si sarà persa nell'amore, fuori dal tempo, del tutto avvolta dalla passione e travolta dal desiderio che lei stessa ha suscitato. Non potrà più gestire il rapporto come è abituata a fare nel matrimonio, ma dovrà per forza di cose abbandonarsi a delle regole che non sono le sue, che non è lei a dettare. Ed è qui che il tempo si infrange e l'eternità di quell'amplesso durato trecento anni torna sulla nostra scena. Ancora una volta fuori dal mondo, dalla guerra, il lavoro, la politica, la famiglia, il futuro, gli interessi, l'utilità, la costruzione e la quotidianità, la coppia ha il suo vero compimento. È qualcosa che, per quello che ne so, il mito racconta solo del rapporto tra Era e Zeus. Un'unione mistica (e divina) oltre che splendidamente fisica alla base di tutti i rapporti, la stessa eternità che ogni coppia, riuscendo come Era e Zeus a lasciare il mondo fuori dalla stanza, riesce a ottenere nel momento in cui si abbandona al desiderio. La matrice di tutti gli amplessi lì dove non c'è più il maschile che conquista (rincorre, insegue, cattura, prende, violenta e penetra) e il femminile che si fa conquistare (scappa, sfugge, scivola, subisce, viene preso, penetrato), ma soltanto la coppia come equità, uguale forza, passione e intenti, intesa, ascolto, desiderio, pulsione, piacere, armonia, appagamento. Il tentativo, altrettanto alto e disperato, di entrare nell'altro essendone accolto e di accogliere l'altro essendoci entrato: il tentativo di colmare il piacere dell'altro con il proprio.

Adesso che Era sta andando da Zeus sa anche di cedere il suo controllo e che per quella durata (che potrà perfino essere breve – ma questo dipenderà soltanto da Zeus), riporterà entrambi alla prima volta in cui si persero l'uno nell'altra. Dunque il tempo si ferma e i due tornano ancora una volta a stare insieme come marito e moglie, fratello e sorella, amata e amato. Così mentre lei, bellissima, si avvicina, lo stesso Zeus le dice all'orecchio di non aver mai desiderato nessun'altra quanto lei in quel momento. Ma solo adesso, che il tempo si è fermato e loro, in questo amarsi, riescono a ritrovare tutta la profondità dell'universo, noi potremmo intuire a cosa serva il matrimonio e la stabilità che, attraverso l'amore, appunto, riesce a garantirsi una coppia.

## *La famiglia e la costruzione*

Nel nostro racconto questa scena ferma il tempo di una guerra che di lì a pochi giorni porterà una distruzione pressoché totale: subito dopo Zeus, sazio dell'amore di Era, si addormenterà e a quel punto gli dèi cercheranno di modificare le sorti di una battaglia già determinata dalla sua stessa necessità. Potrà sembrarci allora che quel piacere e quell'amore siano stati inutili, non saranno serviti a modificare la sorte degli eroi davanti alla piana di Troia né la sventura della nostra normale quotidianità. Eppure: eppure se in questo squarcio del tempo l'amore coniugale fonda il rapporto e la famiglia, è nella costruzione del quotidiano che gli uomini riescono a dare senso alle loro vite così inesorabilmente indirizzate verso la fine. Questo è un problema che non riguarda gli dèi, dunque neanche Era e Zeus: alla fine la famiglia, la città, lo stato e il regno passano, tutto prima o poi finisce e non sarà la stabilità del matrimonio o della società a portarci verso l'eternità. Anche qui, quello che resta non è ciò che si è costruito, come coppia, ma soltanto l'averlo fatto insieme. Così da quella prima notte d'amore, durata trecento anni, che Era e Zeus hanno impresso alle coppie, ne sono seguite infinite altre nel nostro quotidiano: non soltanto l'amore, o il sesso, ma tutto ciò che si sceglie di fare insieme: i figli, è chiaro, e la loro educazione, ma anche un viaggio, la casa, l'acquisto di certi oggetti, le marmellate, una passeggiata, la lettura di un libro, un particolare film visto insieme, un mazzo di fiori messo a seccare, l'organizzazione di una festa, la cucina di un qualche piatto, una crostata, una gita in barca e, anche, in alcuni casi, la stessa barca. Fino al piacere di poter guardare, in una sera di un particolare giorno, il sole tramontare tra i rami di un albero del proprio giardino.

È solo quello che resta, la prospettiva di una mancanza: perché quei ricordi, quelle tracce di una costruzione che la coppia si sarà lasciata alle spalle saranno destinate a essere vissute soltanto come mancanza. Prima o poi, all'uno o all'altra, mancheranno quei momenti. Quando un amore finisce (perché finisce o perché è l'altro – appunto – che viene a mancare) non ci manca la persona ma quello che abbiamo fatto con lei, o quello che avremmo potuto fare e non abbiamo avuto modo di fare. C'è questo racconto (forse il più bello che il mito ci abbia lasciato) riportato da Ovidio nelle *Metamorfosi* e che dice di come Zeus ed Ermes a un certo punto siano andati in cerca di ospitalità. Zeus vuole decidere se gli uomini siano o meno da far sopravvivere, avendone verificato l'arroganza, l'ingordigia, la meschinità. A conferma della sua supposizione – gli dèi hanno sempre ragione – per quanto viaggino di casa in casa, non trovano nessuno che voglia ospitarli: così Zeus decide per il diluvio (la pioggia, la grandine, la siccità e l'esondazione – se ancora ci stiamo chiedendo il senso religioso del come gli elementi si rivoltano contro di noi). Ma tornando verso l'Olimpo, lui ed Ermes finiscono per imbattersi in una coppia di vecchi che, invece, li ospita. Li accolgono per dissetarli, anzi, li invitano a restare per cena: loro sono delle persone normali, molto semplici, dei lavoratori – diremmo oggi, come se il mondo si dividesse tra quanti lavorando capiscono il senso dell'esistenza e quelli che invece cercano soltanto il profitto e l'esistenza la sprecano, meritandosi dunque di essere spazzati via dal diluvio.

È commovente vederli, Filemone e Bauci, come si organizzano per preparare la cena: lei prende un pezzo di lardo appeso sopra la stufa e lui va in cortile per uccidere l'ultima oca che è loro rimasta. Quest'immagine dell'oca da mettere nel forno con il lardo a ricoprirle il petto perché non resti troppo asciutta e magari del brandy che, mischiato al suo stesso grasso, possa esserle riversato sopra, ci dice tutta la dedizione e l'accudimento che Filemone e Bauci vogliono offrire ai loro ospiti. E a me sembrano la stessa dedizione e lo stesso accudimento che hanno messo nel loro stare insieme, durante gli anni, dedicando l'uno all'altra le proprie esistenze.

Qui diventa centrale il discorso dell'ospitalità, cioè dell'attenzione da dedicare all'altro, dicendoci anche di quanti invece non riescono a essere ospitali perché, certamente miseri, non hanno ancora dato senso né direzione al loro vivere. Allora ospitare un viandante non è una prova, la verifica escatologica di una qualche disponibilità futura verso gli dèi da tenere in serbo per il giorno del giudizio: ospitare un viandante è già in sé ospitare il divino. Siamo così inquinati da una visione remunerativa che rischiamo di leggere in un solo modo perfino il vangelo ("tutto quel che non avete fatto a uno di questi piccoli, non l'avete fatto a me") che invece dovrebbe darci, come Ovidio, la misura dell'attuale.

Allora Zeus ed Ermes non si sottraggono all'invito, mi piace pensare, proprio per come si sentono commossi dall'accoglienza e dall'amore di questi due vecchi. Sono commossi perché viene offerto loro qualcosa che gli dèi non potrebbero conoscere e che difatti vengono a cercare nei mortali: nello stesso modo, verrebbe da pensare, con cui non conoscono il cibo e la cottura, ignorano ciò che si fonda sulla costruzione quotidiana di una vita insieme. A un certo punto, però, durante la cena, non c'è più di che bere e Zeus trasforma in vino l'acqua della brocca; al che i due vecchi capiscono chi sono gli invitati e si prostrano ai loro piedi. È bellissimo come Ermes e Zeus decidano comunque di restare, volendo continuare a cenare insieme e a godere dell'armonia di questa casa che trasuda umanità e a cui hanno, però, aggiunto la trascendenza del vino. Quando però arriva il momento del ritorno, gli dèi chiedono ai vecchi quale sia il loro desiderio e quelli rispondono che l'unica cosa che si aspettano, oramai, è di poter morire insieme, senza dover soffrire l'uno la mancanza dell'altro. Di nuovo, quasi in una sorta di scambio, stanno mostrando al divino la propria umanità: tanto l'accudimento, quanto poi la mancanza, hanno senso e spessore nella prospettiva della morte, prospettiva sconosciuta agli dèi. Allora Zeus rende Filemone e Bauci custodi di un tempio posto sul culmine di un colle, lì potranno restare ancora insieme e a lungo, sopravvivendo al diluvio. E solo quando sarà venuto per loro il momento di morire si ritroveranno lì, uno di fronte all'altra, a guardarsi mentre si trasformano in alberi – uno in un tiglio e l'altra una quercia – i cui rami si intrecciano in un ulteriore abbraccio.

Zeus, oltre al resto, è il protettore dell'ospitalità, dunque di ciò che caratterizza il compimento degli esseri umani, e la coppia è alla base di ogni ospitalità, la famiglia si fonda sull'apertura ai figli quindi è ospitalità e accudimento. Se davvero il divino è nell'accoglienza, serve una famiglia perché questa accoglienza abbia una forma compiuta: non la famiglia in senso tradizionale, il matrimonio o l'istituzione, ma piuttosto una cucina, un'oca, del lardo, un tavolo, sei sedie, il forno, forse anche una teglia adatta, un bicchiere di brandy e, certamente, qualcuno che stia lì a seguirne la cottura nelle ore che precedono la cena: cos'è questo se non una famiglia? Non servono cerimonie, preti, sindaci o testimoni che ci mettano la firma, non servono neanche i figli (a volte possono aiutare – altre volte invece rovinano tutto): quello che basta non è neanche una coppia, ma l'idea divina di una coppia. Cioè che ci viene da Zeus e da Era che, ragazzini, si cercano e completano e riempiono a vicenda: quindi per noi almeno due che si siano accolti l'un l'altro, che possano continuare ad accogliere, nonostante le difficoltà, nella loro misera quotidianità. Ma ogni coppia, per ogni cena che prepara ai propri ospiti, presuppone la prospettiva di una mancanza, il ricordo di una mancanza. E non è la morte, la condizione che mette fine alla coppia, ma la mancanza: doversi separare da colui con cui si è condiviso, giorno per giorno, per tutta un'esistenza, il proprio piacere e il proprio dolore.

Ecco che alla sospensione che l'amore (e il sesso) ci offre sull'eterno, per quanto comporti o possa comportare dei figli, l'accoglienza ci porta alla costruzione, nel quotidiano e quindi, poi, anche alla mancanza. Ed è come se la mancanza, quella mancanza, finisca per riportare dentro di noi la consistenza profonda dell'eternità.

## *Il mare color del vino*

Negli anni, andando nelle scuole elementari a spiegare le storie dei miti, a Nicola Meiz era capitato più volte che i bambini gli chiedessero per quale motivo Omero dice che il mare ha il colore del vino. E ogni volta aveva trovato il modo dire qualcosa di abbastanza interessante: aveva parlato loro di come il mare rifletta una luce non sua e di come la sera all'imbrunire, quando il sole illumina di taglio le nuvole, il colore dell'acqua possa davvero diventare così scuro e violaceo da sembrare uguale a quello del vino. Altre volte aveva spiegato di come Omero desse sempre degli attributi ai suoi personaggi, citando loro l'esempio di Apollo dall'arco d'argento o di Atena dagli occhi splendenti; e aveva anche detto che la cosa interessante, invece, è nel considerare il mare un personaggio al pari degli altri dèi o degli eroi.

Una volta Nicola Meiz, approfittando di quella domanda, si era perfino spinto a voler spiegare ai ragazzi come funziona la poesia: e facendo loro sentire quelle parole (*oînops póntos*) aveva detto che forse Omero era partito proprio da lì, da come il mare color del vino suoni bene anche a discapito del suo significato – per quanto sappiamo tutti, che il mare è in realtà blu. Proprio in questo modo, cioè seguendo il suono delle parole, Omero si era reso conto che il mare, in determinate condizioni, può essere invece viola. Questo significa, aveva aggiunto, che la poesia può modificare il modo con cui vediamo le cose, quasi come se riuscisse ad allargare il mondo, ingrandendo la realtà e spingendoci verso qualcosa che prima non sapevamo, solo per poterla dire in un modo migliore. Ecco, quella volta era venuto via di lì abbastanza soddisfatto di come i bambini lo avessero ascoltato, anche se sapeva che avrebbe comunque continuato a cercare una spiegazione sempre migliore per questa cosa del colore viola del mare. Finché non aveva voluto raccontare la storia di suo padre e del pittore Carlo Böcklin.

Carlo Böcklin era il figlio del più famoso Arnold, un pittore svizzero della seconda metà dell'ottocento, fra l'altro molto amato da Hitler – ma per non confondere troppo il suo uditorio, Nicola Meiz aveva ritenuto meglio tacere questo fatto. Comunque Carlo Böcklin aveva un nipote che poi era anche il migliore amico di suo padre. Così gli aveva raccontato di questo vecchio pittore che li portava, a lui e al suo amico, in gita da qualche parte facendogli poi lezione di colori. Ecco Nicola Meiz aveva sempre trovavo che la lezione di colori che suo padre faceva con il pittore fosse una cosa bellissima. Soprattutto della volta in cui con il suo amico e il nonno erano andati in spiaggia, e lì quello aveva voluto spiegare loro il giusto colore dell'acqua, dicendogli alla fine di come Omero avesse davvero ragione a dire che il mare ha il colore del vino. E in fondo era questo l'insegnamento che suo padre aveva raccolto dal vecchio pittore: liberi della loro intelligenza i bambini sanno comprendere molto più degli adulti la vera essenza delle cose e dunque quale colore realmente riflettano. In fondo c'era un motivo se gli studenti delle scuole primarie che incontrava oramai da anni continuavano a fargli sempre la stessa domanda, ma lui ogni volta cercava una spiegazione ancora più precisa.

Che il mare abbia il colore del vino, come si ostina a volerci dire Omero, non è una questione di rifrazione dello spettro di luce o di come in determinate ore o condizioni atmosferiche l'acqua possa riflettere l'orizzonte o il cielo, le nuvole, il sole. Riguarda piuttosto l'abisso scuro e instabile che ci riempie – così aveva pensato Nicola Meiz: Omero sta cercando di cogliere una ragione molto più profonda di quella, evidente, che spiega il mondo nelle sue manifestazioni fisiche. Così, quando ancora una volta gli era stato chiesto, Nicola Meiz aveva detto che il mare, in realtà, ha il colore dell'anima: e che l'anima, a pensarci bene, è viola e trasparente come il vino scuro.

## *Oceano, l'inconscio, il profondo*

Oceano circonda il mondo, da lì viene tutta quanta l'acqua, i mari e i fiumi: più che un dio che partecipa insieme agli altri alla vita dell'Olimpo, lui la alimenta restandone all'estero. Ma appunto, circondando gli altri dèi, delimita in modo netto ciò che è palese e alla luce del sole, da ciò che non lo è: ciò che è sottoposto all'ordine voluto da Zeus da ciò che non lo è. Dunque Oceano (e su un secondo piano, poi, anche Poseidone) segna l'orizzonte della nostra consapevolezza e nello stesso tempo la sconfinata profondità degli abissi, l'ignoto da dove emergono i nostri migliori incubi, così come ogni altra oscurità dell'immaginazione. Nonostante ciò è lì che amiamo restare sospesi, nuotando e galleggiando a filo dell'acqua, continuando a tenere la volta del cielo luminoso sopra di noi per orientarci. Oceano è il confine che vogliamo superare, l'orizzonte che abbiamo bisogno di raggiungere e, nello stesso tempo, il luogo da cui troviamo riparo nei nostri porti, guidati dalla luce di un faro in cima al promontorio: senza mai rinunciare a voler navigare ancora verso un altro orizzonte: la piccola vigilia di quello che resta. Ma Oceano è anche lì dove nasce Afrodite e prende spazio la distanza del nostro desiderio, e dove la mente trova pace per come le è permesso di perdersi nell'infinitezza dei suoi confini sconosciuti. È questo che vediamo riflesso sulla superficie inquieta e costantemente mossa del mare – quel continuo cambiamento di se stessi che comporta il sentire e lo stare nel mondo, sopportandone il peso.

È questo, credo, che cercava Achille quando dalla spiaggia che dalla piana di Troia si affaccia sullo stretto dei Dardanelli: scrutava il profondo per dare un senso al suo sconforto.

### *Achille e Agamennone*

Ma prima di arrivarci bisognerà tornare all'inizio di questa storia, quando Agamennone libera Criseide per placare Apollo, chiedendo un'altra schiava in sostituzione, quella di Achille. E Achille si infuria e nel giro di due battute si ritrova a un passo dall'uccidere il suo comandante in capo. Ma immagino che qui lui non stia soltanto difendendo la sua schiava dall'arroganza del potere: sta prendendo una posizione precisa, quasi ideologica. È una contrapposizione molto più profonda di quanto non si possa credere, sembra che Achille mal sopporti l'arroganza con cui Agamennone nega qualunque attenzione alle donne in quanto persone. In fondo lui sta difendendo un certo modo di amare, ma sta anche assecondando il suo destino, cioè la sua vocazione, il suo essere coerente con se stesso e con la sua visione delle cose, che è una visione romantica, e che non contempla in alcun modo una simile denigrazione del femminile – lo dice anche, per lui Briseide non è soltanto un dono di guerra, ma la donna che ama. Ma credo che il piano più importante qui sia quello psicologico. Durante le campagne militari i doni di guerra venivano divisi in base al potere e in base al merito: Agamennone ne ha perché è il re, Achille perché è il migliore; Agamennone perché è il comandante in capo dell'esercito, Achille perché è stato lui a far vincere le battaglie che hanno portato la conquista di quelle ricchezze. Non credo che Achille voglia mettere in discussione questo sistema, almeno non all'inizio, ma non è disposto ad accettare di dover cedere. Di nuovo, non è una schiava in più o in meno a fare per lui la differenza, ma il fatto che quella schiava gli venga tolta significa che gli viene tolta la sua parte e, soprattutto, il suo riconoscimento.

Per quanto Achille sia il più forte, è anche il più giovane fra gli eroi (quando sbarcano a Troia non deve avere più di sedici anni), e possiamo pensare che la sua identità non sia del tutto individuata. Allora non sopporta che venga messo in dubbio il suo stare lì, né di essere sottratto dallo sguardo dei compagni. Se Ulisse non ha bisogno dell'approvazione del capo, nessuno metterebbe in dubbio il suo ruolo, per Achille non è così: sa benissimo che la vittoria dipende da lui, e sa anche di essere il mezzo attraverso cui il destino, la necessità, avrà compimento; ma per quanto abbia una buona consapevolezza, ha comunque bisogno che il suo ruolo gli venga riconosciuto dagli altri, soprattutto dal suo comandante. Allora questo non è un capriccio e, difatti, il riconoscimento gli verrà negato – anzi, anzi gli viene proprio tolto. Achille ha la grazia di un rapporto diretto con il divino, e in questo è già di per sé molto distante da Agamennone che invece ha dovuto conquistare la sua regalità sul campo. Lui invece è nato così, figlio di sua madre, il problema se mai è dover gestire il suo essere eletto. Sin dall'inizio sa cosa dovrà accadere: la visione del futuro che Agamennone deve avere per intelligenza politica, lui ce l'ha per elevazione spirituale – ma ha lo stesso bisogno che questa condizione gli venga riconosciuta. È come un profeta (o un poeta) che vede con grande chiarezza come stanno le cose, e lo fa in netto anticipo sugli altri, dunque è facile che gli altri non capiscano quello che sta dicendo, ma questo non toglie che lui abbia bisogno di essere ascoltato (di cercare il successo e l'approvazione del pubblico). Achille è disposto a morire pur di dare compimento al proprio destino, ma vuole perlomeno che il suo comandante riconosca quanto ciò sia importante. E naturalmente Agamennone non lo fa. Intanto perché Achille è molto più forte di lui, e poi perché il suo ruolo qui (suo di Agamennone) si sta rivelando sempre più marginale. È il capo di questa alleanza perché è il re del paese più ricco e, quindi, il più potente; ma non è il più capace e non è affatto detto che il paese più ricco e più potente sia disposto a fare gli interessi militari, economici e politici anche degli altri. Se è da Achille che dipende la vittoria, la riuscita di tutta la campagna militare, Agamennone sta lì solo per giustificare il suo potere – ne conosciamo a decine di politici disposti a mandare tutto in rovina pur di non farsi da parte, almeno quanti ne conosciamo di così inetti da assumersi delle responsabilità che invece ricadranno sul resto del mondo. Alla fine dei conti viene fuori che, mentre Agamennone dimostra di essere padrone soltanto delle sue ricchezze e (neanche troppo) del suo potere, Achille vuole invece essere padrone del proprio destino. Perché sa quello che vuole, sa dove e come finirà questa storia ed è disposto a morire per questo. Appunto, la sua non è soltanto una posizione romantica, ma in quanto tale, dal punto di vista del potere, anche insostenibile.

Così, dopo che Agamennone è andato a prendersi Briseide, anzi ha mandato due emissari, temendo forse la reazione di Achille, lui ha ritirato lo schieramento dei Mirmidoni, smettendo di combattere. Una mossa decisiva, che non ammette e non cerca repliche. La determinazione (e la velocità) delle azioni e delle reazioni di Achille è pari soltanto alla lucidità con cui riesce a capire le situazioni in cui si trova. Sa benissimo cosa sta succedendo: sa cosa pensa Agamennone, cosa vuole e cosa sta facendo, almeno quanto sa cosa pensa e cosa vuole lui stesso. E la sua reazione è conseguente. Poi però se ne va da solo sulla spiaggia a piangere. È un po' quello che diceva di sé Pasolini: l'indipendenza, che è la sua forza, implica la solitudine, che è la sua debolezza.

## *Il mare, Teti, la madre*

Per Achille andare sulla spiaggia non è come chiudersi in una stanza, o camminare sul sentiero che costeggia la collina. Achille ha un rapporto del tutto particolare con l'acqua e con la liquidità, molto più significativo di quello che potrebbe sembrare in un primo momento.

Innanzitutto perché l'acqua è sua madre – e non credo che la cosa vada letta in senso figurato, ma letterale. Andando su quella spiaggia lui non si sta rifugiando da sua madre, per cercare il suo conforto, si sta rifugiando *in* sua madre, vuole alla lettera immergersi in lei. Allora mi piace immaginarlo mentre nuota di notte, avvolto dall'oscurità delle onde, ritrovando sotto di sé l'abisso che scende rapido verso ogni profondità, perché il suo bisogno è di sentirsi contenuto. Tutto se stesso. Immerso. Così che ogni centimetro della sua pelle sia sostenuto e i suoi muscoli, tutta la sua sorprendente velocità, si muovano tesi e nello stesso tempo tenuti dall'acqua che li avvolge. I capelli, gli occhi, i suoi piedi e le mani, il dorso, le spalle e la schiena, il sedere, i bicipiti, le braccia, il torace, le gambe i piedi e ogni centimetro del suo corpo, ogni parte di sé, nella tensione del suo movimento, è avvolta da quella liquidità contenuta in un uovo. Contenuto e, nello stesso tempo, distinto e protetto dal resto del mondo, come quando era in sua madre e riusciva a sentirsi perfettamente se stesso. Davvero la nostra vita è sempre troppo "lontana dai bagni caldi", e più che mai nella ferocia della guerra: ma quello che sta cercando Achille è proprio di allontanarsi dalla miseria di quella guerra (e di una realtà così ostile) per immergersi in una vasca che lo avvolga e lo contenga.

La figura di Achille è molto più complessa di quello che potrebbe sembrare, proprio perché (un po' come per tutti noi) prima che il resto lui è il rapporto con sua madre. E sua madre è liquida. D'altronde è la velocità stessa a essere liquida o, ancora meglio, la velocità è nel saper attraversare ogni cosa come se questa fosse liquida: dunque perfezionare la propria velocità significa per Achille confrontarsi con la liquidità. E con sua madre.

Teti è una delle più esplicite espressioni che il mito ci offre della maternità – un contenimento che ha bisogno di essere contenuto. Anche se della maternità ci offre solo un aspetto, quello della gestazione – poi c'è anche l'altra metà, che è Demetra, la maternità volta alla generazione, alla fertilità come possibilità di generare e, quindi, successivamente, di proteggere e custodire ciò che è stato generato. Ma custodire vuol dire essere solidi, dunque una madre non può rimanere liquida, come invece vuole fare Teti. Allora lei vuole limitarsi alla gestazione, difatti dopo il parto decide di ritornare a sé, senza cedere alla necessità fisica del figlio di crescere e, quindi, della separazione. Lei è il materno che vuole rimanere tale: va avanti finché può essere contenuta contenendo in sé il figlio, poi smette. Quindi lo fa solo durante quel momento definito (e finito) dove l'identità della madre coincide con l'identità del figlio; dopo il parto questa coincidenza si compie, ma termina, l'incanto si rompe e non resta che vivere nel ricordo di quell'amore perfetto che non potrà tornare più. Nel mito di Teti questa frattura si esplicita nella mortalità di Achille a cui Teti non riesce a fare fronte. La differenza tra la madre e il figlio diventa esplicita nel momento in cui egli nasce, perché da quel momento diventa chiaro il fatto che poi morirà.

L'incontro tra un dio e un mortale è sempre un azzardo, una frattura nell'ordine costituito – che, beninteso, sono gli stessi dèi a cercare. Ma la frattura avviene il più delle volte a discapito (se così possiamo dire) delle donne – ciò che succede è che un dio si innamora di una donna mortale dandole un figlio semidivino, cioè con capacità straordinarie, eppure mortale. Però in questo caso la madre non si discosterà, per via del figlio, dalla propria natura finita. Quello che invece succede a Teti succede a poche altre dee e segna nettamente la sua condizione di madre: perché non riesce a darsi pace per il fatto che suo figlio dovrà morire. Non appena Achille nasce, lei già sa che dovrà sopravvivergli, e vederlo morire. E se questo pensiero è intollerabile per qualsiasi genitore, lo è ancora di più per Teti che non ha alcuna cognizione della morte, non avendone avuto esperienza. Teti sa che sarà costretta al caso più innaturale, quindi violento e atroce, di dover sopportare la morte del figlio. Il mito, allora, racconta più modi che lei tenta per rendere immortale Achille, nessuno dei quali riesce; ma tolto il fascino della magia nera, ciò che resta è la continua inquietudine di fronte al destino di morte del figlio – proprio quel destino che la madre cerca disperatamente di evitare.

Il tentativo di Teti di rendere Achille immortale è quello di ogni madre. Nel momento del concepimento e della gestazione, ogni donna ha una percezione dell'interno a sé che è preclusa a tutti gli altri e che le dà accesso all'eterno – questa preclusione finisce con la nascita del figlio. La donna è la via attraverso cui la vita, e dunque l'eternità, entra nella storia, è in lei che si compie la frattura tra la storia e l'eternità. Ecco, Teti è perfettamente ambigua a riguardo, perché ha due reazioni opposte all'evidenza del fatto che una volta nato suo figlio diventerà mortale. Il mito ci racconta, in due diverse varianti, le possibili e opposte reazioni di Teti: la prima è quella di cercare di rendere il figlio immortale, l'altra è quella di abbandonarlo. Ma le varianti nel mito, per quanto possano sembrarci contraddittorie, raccontano sempre la stessa cosa, anche se da diversi punti di vista. Così le reazioni, per quanto opposte, restano la stessa. Teti, non potendo accettare la distanza fra l'eternità che comporta il suo essere madre e la storia, abbandona Achille alla storia. Ogni madre di fatto si trova a dover affrontare questo conflitto e ogni madre lo supera ignorandolo, cioè assimilando il figlio al proprio essere nella storia. Teti invece cerca di assimilare suo figlio al suo essere nell'eterno, e vuole in ogni modo procrastinare oltre il momento della nascita, la trascendenza che ha potuto contenere in sé durante i nove mesi della gestazione. In questo senso Teti è l'aspetto più sostanziale della maternità, è l'aspetto divino della maternità che appartiene a ogni madre – e forse anche a ogni donna. Ed è questa trascendenza (bisogna fare molta attenzione a ciò) a definire in maniera definitiva il diritto all'autodeterminazione (diremmo oggi) della donna sulla maternità, sul suo essere madre. Proprio perché ne è portatrice (della trascendenza) nessuna legge può decidere per la madre, perché nessuna legge umana deve stabilire ciò che è o non è di dio, dunque la madre deve essere libera di poter scegliere, in coscienza, anche nell'atto (estremo) di non essere madre – chi siamo noi per sostituirci al suo giudizio?

Nel suo atto definitivo di abbandonare il figlio, però, Teti non si nega il rapporto con Achille, non intende perderlo e non lo perde affatto. Tornerà molto spesso da lui, mantenendoci un rapporto costante, profondissimo ed esclusivo. Non può tenere suo figlio fuori dalla storia, ma lo riporta ogni volta alla sua liquidità, limitando la loro relazione a quella sola dimensione. Così Achille, ogni volta che torna da Teti, si immerge di nuovo nella liquidità della madre, in quella liquida trascendenza. E lì ritrova se stesso. Ma il suo posto è nella storia, è nel campo di battaglia, non nell'acqua: in guerra non ci sono bagni caldi – così come nelle nostre vite.

## *L'eroe liquido*

Dunque Teti continua ad alimentare in Achille la liquidità, lo obbliga a essere liquido. E liquido significa prima di tutto indefinito. Questo lo rende, ad esempio, inadatto alla politica, estraneo al potere, perché il potere e la politica non possono essere liquidi; allo steso tempo lo rende anche estremamente duro, perfino spietato e feroce nell'uso della forza, che lui lascia scorrere senza alcun contenimento o intelligenza strategica. Ma questa sua liquidità rende Achille anche capace di amare in modo totale, quasi assoluto – perché l'amore, invece, è soprattutto liquido.

Credo che Achille fosse capace di amare nello stesso modo gli uomini e le donne, senza dare limiti di genere al proprio sentire e al proprio desiderio. È bizzarro, perché l'eroe più celebrato della letteratura occidentale, colui che, in una visione maschile e maschilista, rappresenta il più alto grado di eroismo, in realtà non ha nessuna definitezza nel suo genere – viene ancora prima dell'essere transgender, ne è al di là. Teti, sempre per evitare che il destino di Achille si compia, cerca di distoglierlo dai suoi propositi guerreschi e per allontanarlo dalla guerra di Troia lo manda a Sciro facendolo vestire come una donna, perché il re di quell'isola aveva solo figlie femmine. A quel punto Achille è di fatto un travestito, ma lì si innamora della principessa Deidamia, quindi da donna ama una donna. Più tardi, invece, durante i dieci anni dell'assedio, mentre dimostra non solo di essere il più grande guerriero di tutti i tempi, ma di essere capace di una ferocia e durezza assolute (il massimo che gli ideali guerrieri consentano alla mascolinità) ama un uomo, Patroclo. Ma neppure allora riesce a trattenersi, e si ritrova ad amare anche una donna, schiava (un bottino di guerra), finendo così per mettere in crisi un'alleanza militare solida almeno quanto potente. Da uomo, eroico e molto maschile, ama tanto un uomo quanto una schiava – c'è anche qualche racconto, e non lo diciamo per essere provocatori, su di un suo amore struggente con Pentesilea, regina delle amazzoni, evidentemente lesbica. Il tutto per dire, ben al di là delle celebrazioni politiche in onore della famiglia tradizionale, che questa sua capacità di amare è così libera da superare i generi e i limiti del corpo. Achille sembra avere un tale controllo del suo corpo che per lui non fa alcuna differenza essere maschio o essere femmina, sarà lo stesso capace di amare – e soprattutto di essere amato.

In mancanza della madre, Achille cresce con Chirone, il centauro, che lo prende con sé nei boschi del monte Pireo sin da quando è piccolissimo, svezzandolo con il midollo degli animali selvatici – il midollo del leone. Se il destino di Achille è già determinato, l'eroe, la persona, deve essere formata intorno al suo destino: occorre dargli una forma, al destino. Chirone farà in modo che Achille diventi ciò che deve essere – lui non è un insegnante, non gli deve dare una dottrina, ma un maestro che gli offre la sua stessa identità: da maestro, in una prospettiva chiaramente pedagogica, lo guida verso la consapevolezza del sé. Sono i maestri, soltanto i maestri, che guidano l'eroe e l'individuo nel dare forma al proprio compimento – i maestri delle scuole materne e primarie, quelli, verrebbe da dire, a cui la nostra modernità non offre più alcuna attenzione né riconoscenza. Sono abbastanza convinto che la prospettiva pedagogica di Chirone fosse una prospettiva di individuazione, indirizzata nel voler dare ad Achille la consapevolezza della propria mortalità. Perché è solo attraverso il suo essere mortale, che Achille può arrivare al compimento della sua identità.

C'è un'ambiguità di fondo riguardo ad Achille, perché è così invincibile che siamo abituati a pensarlo come immortale, invece il suo destino fin troppo esplicito è proprio di dover morire prima del dovuto, durante la guerra di Troia, al culmine della sua giovinezza. È chiaro: essere invincibile ed essere immortale sono due cose ben diverse, invece noi pensiamo che lui sia immortale tranne che per il tallone: ma ognuno di noi lo è se non per il motivo per cui morirà. L'unica differenza fra noi e Achille è che lui conosce il suo destino, sa in quale occasione morirà e forse anche in che modo. Ciò che lo rende eroico è allora la sua consapevolezza, la lucidità con cui conosce i suoi stessi limiti e soprattutto il modo con cui alla fine decide di dare compimento alla propria esistenza, con quale determinazione va incontro alla morte. In questo senso Achille è padrone del suo destino.

Il racconto ci dice che Chirone sin dall'inizio chiede ad

Achille di superare due prove: raggiungere in velocità una freccia, e correre sul sottile strato di ghiaccio che ricopre il fiume senza romperlo. È evidente che nella rapidità e nella leggerezza c'è l'identità più profonda di Achille, ciò che lo rende eroico, quindi se stesso. Lui non è immortale, ma veloce, velocissimo – così veloce da essere di fatto invincibile. Il compito di Chirone è di non lasciarlo andare finché non sarà diventato così veloce e leggero nella sua velocità. Per otto anni Achille continua a fallire nelle prove, ma Chirone (che è un vero maestro) non glielo fa pesare, sa benissimo che non bisogna spiegare niente in aggiunta a ciò che il fallimento sta già insegnando. Ma se da una parte, in questo modo, rende Achille ciò che è, veloce e invincibile, nello stesso tempo lo sta anche formando al suo essere mortale: ogni giorno lo costringe a confrontarsi con i suoi limiti, con il suo fallimento, quindi lo spinge ad averne una netta consapevolezza. L'essere eroici è nel conoscere i propri limiti, nel riuscire a controllarli, non tanto a superarli, ma a non farsene nuocere. L'immagine che ci restituisce il mito è quella di Achille che, compiuti otto anni, poco prima di lasciare il suo maestro per tornare a Ftia da suo padre, raggiunge correndo la freccia che Chirone ha appena scagliato. Ma non possiamo non pensare a quell'altra freccia, guidata da un dio, che invece lo raggiungerà per ucciderlo: la sua morte è insita sin dall'inizio nella sua iniziazione, dunque nel suo destino. Nel completamento della formazione Achille sta già incontrando i suoi limiti, il suo sé e il suo futuro. Difatti supera anche la seconda prova a cui Chirone lo sottopone: e riesce a correre sul sottile strato di ghiaccio che ricopre il fiume: si solleva, letteralmente, sopra la sua stessa liquidità.

Allora, quando va sulla spiaggia a guardare il mare color del vino, Achille sta cercando se stesso in quell'infinità. Lui è già di suo a un passo dall'eterno, ma adesso ci sta mettendo di nuovo un piede dentro: da che vi è stato immerso quando era piccolo, e dopo che Chirone gli ha insegnato a sollevarcisi sopra, continua a tendere in quella direzione, perché è lì che deve tornare. Lo Stige, lì dove sua madre lo bagna cercando per lui l'immortalità, è uno dei fiumi che nascono da Oceano, ma è il corso (liquido) che porta all'Ade, il luogo delle anime. È questo il conflitto, la contraddizione che Achille vive in sé stesso, un'opposizione a cui non darà compimento fino alla fine: la continua tensione tra l'eternità da cui viene e la morte verso cui sta andando: la continua tentazione di voler invertire la direzione del suo percorso.

Nello stesso tempo Achille da liquido è anche contraddittorio, vuole stare nella mischia ed essere il salvato; vuole essere unico e individuale, ma essere compreso e accolto dal gruppo, individuo nella collettività; vuole essere forte della sua velocità e fragile della sua sensibilità. Passionale e appassionato ma ugualmente spietato, viscerale e freddo: Achille è insieme il maschile e il femminile, l'altezza e la miseria, l'essere divino e l'uomo morto prima ancora di aver cominciato a vivere. Allora nella sua articolata contraddittorietà non riesce a trovare un compimento, ed è questo che lo distoglie da una vita normale, vissuta. Nella sua presunzione divina, non può rendere conto del fatto della morte, pur avendolo ben presente a se stesso.

Se Teti ignora cosa sia la morte, non vuole neanche sottomettersi alla mancanza, perché questa è qualcosa che non compete agli dèi: non possono condividerla con gli uomini e tantomeno comprenderla – difatti non si fa grandi problemi ad abbandonare Achille. Ma nello stesso tempo Teti continua a tenere Achille in questa costante sospensione, con un piede nella storia e l'altro nell'eterno, sempre costretto a guardare in quella direzione. Finché continuerà a tornare alla liquidità di sua madre, sarà per lui impossibile capire fino in fondo l'aspetto umano della morte. Così viene da chiedersi che cosa stia davvero cercando, se l'eternità che sua madre continua a rappresentare o la mancanza che quell'eternità gli lascia dentro. È dunque questo che sta guardando dalla spiaggia, è così che si sente di fronte al mare: quell'inspiegabile struggimento che l'eternità ci muove dentro.

A un certo punto, avendo ormai perso ogni controllo sulla situazione, Agamennone manda Ulisse e Diomede a parlare con Achille per convincerlo a tornare in battaglia: hanno mandato di offrirgli, da parte del loro comandante, e in aggiunta alla restituzione di Briseide, ricchezze abbastanza consistenti, oltre a donne, cavalli, bracieri d'argento e tripodi eccetera, eccetera, eccetera. Achille rifiuta. E fa loro, in cambio, un lungo discorso in cui spiega come anche lui abbia diritto ad amare una donna, magari a tornarsene a casa da suo padre, sulla sua isola, lì dove troverà certamente modo di mettere su famiglia e una vita tranquilla da poter vivere. Nell'*Iliade* sono poche le scene in cui non sono gli dèi a muovere le azioni degli eroi, ma qui è chiaro come non possono essere in nessun modo divini i pensieri di Achille, perché riguardano la morte, cosa che, appunto, gli dèi non conoscono. Il discorso è essenziale nella sua semplicità (e difatti famosissimo), dice Achille: "Per me niente vale la vita, non le ricchezze che dicono accumulate nella popolosa città di Troia in tempo di pace prima che arrivassero i Greci, né quelle che racchiude la soglia di pietra di Apollo, il dio arciere, in

Pito rocciosa. Si possono conquistare i buoi e le pecore grasse, si possono acquistare i tripodi e le bionde criniere dei cavalli, ma la vita di un uomo non si può conquistare né prendere perché torni indietro, quando è uscita di bocca."

In questo momento tutto deve ancora accadere, siamo alla fine del secondo giorno di battaglia e i Troiani sono ormai a ridosso delle fortificazioni che i Greci hanno eretto a difesa del loro accampamento – la disfatta è imminente, ma non ancora avvenuta. È anche chiaro che, se Achille tornasse a combattere, la prospettiva cambierebbe radicalmente e le sorti si invertirebbero, ma lui si rifiuta. La verità qui è che Achille sa benissimo di dover morire, la vita che sta cercando di difendere, lui ha scelto di volerla perdere nel momento stesso in cui è partito per venire a Troia. Ha scelto un destino che gli darà la gloria e l'immortalità della memoria, ma una morte giovane – in realtà, quindi, ha già allontanato da sé la vita casalinga e tranquilla di cui parla. Ma è proprio in questo suo strano rapporto con la morte che Achille è il vero eroe di questa storia. Ed è come se continuasse a rimanere lì, affacciato sul mare, a cercare di guardare l'eternità, rimpiangendone la malinconia: a cercare quella mancanza che la morte ci porta e che, eppure, riempie le nostre vite. Lui che ha un accesso privilegiato all'eterno, ci sta mostrando la mancanza per la quotidianità dell'amore così come lo si può vivere soltanto in una vita mortale. E allora viene anche da chiedersi se, nel dire a Ulisse e Diomede che lui preferirà tornarsene a Ftia dove potrà fare una vita del tutto normale, non stia pensando a Patroclo: è con lui, in quella loro amicizia, che vuole tornare, invecchiare, amarsi, costruire una quotidianità – e magari cucinare insieme la carne alla brace sul portico all'imbrunire, fare le bruschette, giocare a dadi. Forse è quest'altra eternità che Achille sta intendendo: l'amore di Patroclo e la sua mancanza che poi verrà dalla costruzione insieme del quotidiano.

### *Il soffio*

Gli eroi qui sono sottoposti alla schiacciante forza della Necessità, per loro non esiste il libero arbitrio, ma solo il peso del destino che li costringe a subire o imprimere la forza nel combattere. A un certo punto della battaglia Zeus lancia un fulmine davanti al carro di Diomede, ma quello non frena il suo impeto e allora Nestore gli dice di fermarsi perché è evidente quale sia il volere di Zeus. Diomede risponde che sì, certo, ma almeno non dovrà dirsi di lui che indietreggiava di fronte al pericolo o alla difficoltà. È questo che cercano di fare: subire il proprio destino essendone all'altezza, il loro tentativo è nel cercare di cogliere cos'è che darà senso alla loro vita, che potrà dare una prospettiva al loro esserci stati. Gli eroi vivono in questa tensione e ciò vale soprattutto per Achille: è di questo che sta parlando con Ulisse e Diomede. Lui si sta chiedendo se essere così sottoposto alle forze del destino, e dover sottostare alla propria sventura, non debba comportare necessariamente uno schiacciamento dell'esistenza, quindi toglierle spessore o significato. Insomma sta cercando una qualche consapevolezza, ma ancora non riesce a trovarla.

Quando parla di vita, Achille non si riferisce alla biologia, non è la linea sul monitor che mostra l'attività cerebrale, ma sta parlando di un soffio, vento, aria (la chiama *psyché*): ed è quella cosa che si solleva sulle nostre esistenze e le riempie, le gonfia, dando loro un senso. Questo soffio per Omero è la vita, non sopravvive al corpo e non avrebbe comunque alcuna importanza se lo facesse. Questo, dalla nostra moderna consapevolezza ci spiazza, ci disorienta, ma stiamo commettendo un errore di valutazione, di cui dobbiamo liberarci se vogliamo capire a cosa si sta riferendo Achille. Il fatto che questo soffio non sopravviva alla morte non significa che non sia etereo, vitale. Siamo così affezionati alla nostra anima, al nostro sentire, che la vorremmo eterna – una volta che l'abbiamo percepita in noi vorremmo che non uscisse più dalla nostra bocca. Ma è un finto problema, perché tutto sta nel capire cosa facciamo *mentre* viviamo, che cosa sentiamo, dunque che valore stiamo dando alla nostra vita. Al contrario, è proprio in mancanza di un'escatologia che Achille cerca di trovare spessore per come ha vissuto un'esistenza che (lui già lo sa) sarà breve – lo dice: la sua consistenza non è data da ciò che si può comprare. D'altronde è questo che gli ha insegnato Chirone, essere eroe non significa essere compiuto sin dall'inizio, ma arrivare al compimento.

Io credo che Achille, a questo punto della sua storia, mentre cerca di convincere Ulisse e Diomede, ancora non sappia bene di cosa sta parlando: sa che quel soffio quando esce dalla bocca non può tornare, e sa che non vale il denaro e le ricchezze che gli vengono offerte in quel momento, ma ancora non ha capito cosa veramente sia. D'altronde il suo percorso non è ancora compiuto, non ha raggiunto la freccia che lo ucciderà, né si è davvero sollevato sull'eternità di quel mare che continua ad attirarlo così tanto. In realtà Achille non sa neanche cos'è la morte (d'altronde chi è che lo sa?) e nel voler dire loro il valore della vita, lo dice per sottrazione: sta parlando della mancanza.

Allora è una mancanza ciò che lui sta cercando di definire. È quello stesso vuoto che lui sente quando sta seduto sulla spiaggia e che vede riflesso sulla superficie mossa del mare; quella cosa così eterea e leggera che ci sfugge dalle mani, per quanto, come una falena con la luce, è attratta dalla morte; ciò che nel suo vago ricordo era contenuto nella totale liquidità di sua madre; ciò che sente stringersi ferito quando Agamennone volutamente lo ignora; ciò che suo padre era capace di contenere con un semplice sguardo; e che sente colmarsi e muoversi in sé quando sta insieme a Patroclo, cantando per lui. Ma è una mancanza, appunto, e noi non possiamo definirla se non per sottrazione. Perché lei, la mancanza stessa, per Achille ancora non ha un nome. È una cosa che ancora non c'è, ma che secondo me lui, proprio in questo suo discorso a Diomede e Ulisse, sta cercando di afferrare e di definire. E la parola che Achille usa per dire quel soffio che esce dalla bocca e non può tornare indietro è la parola giusta, ed è così bella e importante che noi continuiamo a usarla senza ancora essere riusciti a consumarla. Ma per Achille quello spazio dentro di sé si sta definendo adesso, si definirà fra poco, quando la battaglia diventerà così feroce che gli dèi smetteranno di riempire il loro spazio interiore per venire allo scoperto sulla piana di Troia. Dunque Achille non sa di cosa parla, ma sa cosa sottrarre: perché conosce il valore della vita, consapevole di come di lì a poco la perderà. "Per me niente vale la vita," dice, "perché la vita di un uomo non si può conquistarla né prenderla perché torni indietro quando è uscita di bocca."

Nei giorni successivi, quando non stavano insieme e dal piccolo appartamento che gli avevano messo a disposizione dietro l'orto botanico andava a piedi verso la biblioteca del Beaubourg, aveva più volte sentito questo fatto di poter tenere in mano il suo bene per lei. Poteva quasi vederlo, lì davanti ai suoi occhi, per quanto avesse la stessa consistenza della bava di una formica, ma stava lì e lui lo sentiva: netto e ineluttabile, lontano e distinto da tutto quanto il resto: necessario. E adesso, già lo sapeva, indipendentemente da cosa sarebbe successo di loro, avrebbe continuato a mantenerlo intatto, per il resto che della vita gli sarebbe avanzato.

Ma nello stesso tempo, proprio perché riusciva a vederlo lì fra le sue mani, si rendeva bene conto di quanto poi gli sarebbe mancato. Quale dolore avrebbe comportato il solo fatto di averlo provato, di averlo voluto avere. Sapeva benissimo, lo sapevano entrambi, che alla fine di quei giorni insieme avrebbero dovuto separarsi e di lì tornare alla storia, ognuno alla propria quotidianità. E sapeva benissimo, perlomeno lui lo sapeva, quale è il prezzo da pagare per aver voluto vivere l'eterno. Quella mancanza, il dover tornare poi nella storia senza di lei, avrebbe finito per travolgerlo come una tempesta. Ma ogni naufragio presuppone un'isola a cui tornare; e nel migliore dei casi, così aveva pensato, ne sarebbero comunque venuti fuori dei versi appena passabili se, come si dice, la ragione è dei vincitori e ai perdenti non resta che scrivere delle canzoni. Questo gli era venuto da pensare vedendo la noncuranza con cui il suo impermeabile affrontava la pioggia leggera che il cielo di Parigi gli stava offrendo.

In effetti questa cosa l'avrebbe poi scritta in una delle sue ultime poesie (*Lo posso ancora vedere, tenere / in mano, rigirarlo fra le mie dita, / il mio bene è come una palla: / che pesa come una balla di fieno, / ma ha la consistenza del nulla, / una bolla, la tela di bava d'un sogno, / le zampe sottili dei grilli, le antenne / dei ragni, un moscerino in livrea, / atomi come equipaggio che tira / un guscio di noce: eppure ancora / adesso mi riempie il sentire / e il ricordo della tua voce mi colma / nel tempo, mi accompagna / l'eterno, da sempre, di te*). Ma era stato in quel momento preciso che, camminando in direzione del centro e mentre si perdeva nel suo sentire, senza sentirsi addosso nessun peso del futuro o idea del domani, aveva pensato fra le mani il suo amore per lei.

E poi, come sempre era accaduto, lei stessa lo aveva discosto dall'eternità riportandolo a un qualche e immediato quotidiano: quando ci baciamo? gli aveva scritto.

Presto, aveva allora risposto lui. E poi, come se davvero la loro storia chiedesse una qualche esattezza, aveva aggiunto: sto andando in biblioteca, poi dovrei pranzare con il mio editore francese e, quindi, ecco, nel primo pomeriggio, in effetti, potrei baciarti.

E lei: esattamente a che ora mi baceresti?

# Quarta lezione

## *Trame e finali*

Questa storia finisce male, già lo sappiamo e (non c'è motivo per non dirlo) muoiono tutti. L'ossessione per le trame che oramai ha invaso la nostra scrittura ci costringe a considerare, di una storia, solo il come va a finire; ma il come va a finire è all'opposto di quello che interessa al mito: lo sanno tutti che Edipo resterà cieco, che Ercole porterà a termine dodici delle sue dodici fatiche e che Dedalo uscirà dal labirinto al costo della perdita di suo figlio – lo sapevamo prima ancora che cominciassimo a sentir raccontate queste storie e sono ragionevolmente convinto che lo sapessero perfino i loro stessi protagonisti, quale destino li avrebbe accompagnati. Icaro, Dedalo o Giasone, Perseo o Ercole: perfino Edipo in fondo sapeva, anche senza saperlo, che stava per uccidere suo padre e che avrebbe sposato sua madre. Proprio come noi sappiamo (senza saperlo) che ribellandoci contro nostro padre stiamo cercando di ucciderlo, o andando incontro a nostra madre vorremmo in realtà portarla nel nostro letto. È sempre della Necessità che stiamo parlando: e se questa trascendenza senza volto può muovere il destino degli eroi e la nostra psiche, figuriamoci se non determina il finale delle nostre trame. Allora è bene saperlo sin dall'inizio che i protagonisti di questa storia alla fine moriranno tutti: anche noi, come Cassandra, possiamo vedere nella figura del cavallo che si staglia alta davanti alle porte Scee ormai spalancate il futuro di distruzione, le sofferenze e la devastazione che quell'inganno porterà con sé. Non serve la sospensione della trama, fare leva sui suoi punti di massima tensione e meno che mai aspettarsi certi finali a sorpresa che non sorprenderebbero più nessuno: non sono gli espedienti retorici a fare la letteratura, perché la verità è che alla fine muoiono tutti, sempre. È proprio questa la grandezza dell'*Iliade*: mostrarci come siamo accomunati anche noi agli eroi nel loro destino di tristezza e sventura. Oltre a questa costrizione alla sventura, ci sono pochi spazi di umanità che vengono loro concessi e non servono trame, perché sono le sorti a imporre, come su di un'impietosa bilancia, la vita e la morte per ognuno di loro. Quando Zeus ha voluto rincorrere Nemesi cercava soltanto la conseguenza necessaria all'equilibrio del Cosmo: ed è lì che quella conseguenza ha cominciato a pesare, per tutta la durata della guerra, su ognuno degli eroi venuti a Troia per combatterla.

Achille stesso, da quando è salito su quella nave per venire a Troia, sta cercando di liberarsi della contraddizione a cui il suo destino lo costringe: se andare incontro alla morte, così che la gloria si protragga nel ricordo, dandogli lo spessore e la consistenza della memoria; o piuttosto tornarsene a casa, scegliendo per sé e per le persone che ama una vita normale, dignitosa, forse perfino felice. Tra tutti gli eroi è l'unico che si può permettere una simile domanda e già questo segna un'enorme differenza. È evidente come ci sia qualcosa in lui che lo spinge verso due opposte direzioni. Sa benissimo cosa lo attende, qual è la condizione a cui si è costretto a sottostare, ma proprio per questo vuole capire come dare compimento e senso a tutto ciò.

Come tutti gli eroi, ancora più che gli altri, Achille è presuntuoso ed egocentrico, è così pieno di sé da non vedere chi lo circonda, la sua psicologia lo porta a non dare alcuna importanza agli altri. Di Deidamia, da cui ha un figlio, ma che ha lasciato nell'isola di Sciro, non ne conserva alcuna memoria; la stessa Briseide, che lui ama sinceramente, deve però restare al suo fianco come una schiava; per non dire dell'attenzione quasi nulla che dimostra di avere per i suoi compagni d'armi. Non c'è niente, neppure l'annientamento dell'esercito, che può distoglierlo dal suo ego ferito: alla fine gli altri esistono ai suoi occhi soltanto se stanno camminando al suo fianco. Eppure: eppure riconosce in maniera netta la profondità delle loro persone. Essere egoisti, egotici ed egocentrati non significa affatto mancare di sensibilità. Quando parla con Diomede e Ulisse, li vuole spingere a tornarsene a casa, vuole metterli in guardia su come andrà a finire tutta questa faccenda e su quali sono le cose a cui dare importanza, si preoccupa che possano tornare vivi alle loro famiglie. E mentre si chiede se anche lui non abbia diritto ad amare una donna, mostra con uguale chiarezza non solo di amare Briseide, ma anche di volerla difendere da Agamennone; lo fa al punto da mettere in discussione un caposaldo del loro sistema di potere che, senza sapere cosa fosse un'anima, di certo non la prevedeva per gli schiavi e meno che mai per le donne (come ci ricorda il Gadda, venne loro concessa solo nel 589, al concilio di Magonza, con un solo voto di maggioranza).

Ma Achille ama più di chiunque altro Patroclo che, a pensarci bene, è ridotto anche lui al pari di uno schiavo per come lo deve accompagnare, costantemente al suo fianco – eppure gli ha ceduto il suo cuore.

## *Patroclo*

Se il tentativo, qui, nell'attesa che arrivi di nuovo per noi l'ora dell'aperitivo, è di trovare una luce di umanità in fondo alla devastazione che ci ricadrà addosso con questa guerra, è a Patroclo che dobbiamo guardare. È Patroclo la vera chiave di volta di questa storia, ed è anche l'ultima possibilità che ci resta. Perché Patroclo è l'unico che subisce il suo destino rivolto verso gli altri e non ripiegato su se stesso. Ma soprattutto perché è l'unico che cerca di muoverlo, quel destino, senza un dio alle sue spalle che indirizzi la sua lancia, sollevi il suo scudo o rafforzi la sua stretta.

Davvero non so quanto Achille ne sia consapevole, ha più l'aria di chi lo ammira per la sua compostezza, ma la verità è che a Patroclo basta di potergli stare vicino. Lui è uno scudiero, quindi non può molto per le sorti della battaglia, quasi niente, l'unica cosa che deve fare è aiutare Achille mentre sale sul suo carro, ed è quello che fa. Così lo vediamo sin dall'inizio assistere a tutti gli accadimenti di questo racconto al fianco del suo amato amico senza dire altro. Patroclo potrebbe perfino apparire una persona debole, priva di carattere e di personalità, ma, anche qui, il suo rapporto con Achille è molto più complesso di quello che sembra. Si conoscono da sempre: appena tornato a Ftia, dopo essere stato da Chirone, Achille non ha più che otto anni e sceglie Patroclo come suo amico – lo sceglie e ne è scelto. Lo fanno come lo sanno fare soltanto i bambini, senza alcuna perplessità, predisposizione, interesse, economia: se dovessimo spiegare che cos'è l'amicizia ci basterebbe mostrare il loro rapporto, sono amici e basta. Ma contrariamente a quello che si potrebbe pensare, chi tiene le fila di questo rapporto è Patroclo, non Achille.

Negli anni della palestra Achille forma il suo corpo e il suo carattere combattendo con Patroclo che è più debole di lui, ma maggiore di età, quindi con più esperienza. È lui che lo affianca e lo sostiene nella sua formazione, è lui che lo supporta, sta al suo fianco nel momento fondamentale in cui decide di andare incontro al suo destino scegliendo una vita breve da coronare nella gloria della guerra. Per Achille, Patroclo è il fratello maggiore, è il suo punto di riferimento, chi gli tiene il passo e traccia il suo sentiero, e nello stesso tempo l'amico che lo accompagna camminandogli al fianco, ma un po' defilato. È quello più grande ma anche l'amato: Patroclo ama Achille al punto da farsi amare senza bisogno di essere l'amante. La dinamica fra amato e amante nei ragazzi e nei loro mentori va ben oltre il fatto fisico per cui l'incontro amoroso maschile è obbligato alle dinamiche dell'essere più o meno attivi o passivi. Non è un caso se Platone basa tutta la sua discussione sull'Eros intorno a questa diatriba: essere amati e essere amanti hanno significati ben delineati anche nelle coppie eterosessuali – e non è la fisicità a delineare questi significati. Si tratta di essere attivi nel sentire, nel provare, nell'esprimere, nell'essere se stessi come amanti; quanto di essere passivi nell'essere se stessi come amati. Dunque se Patroclo è l'amato di Achille, ma ne è anche il fratello maggiore e in un qualche modo la guida, questo significa che il loro amore è una questione molto più articolata di quanto il sesso non possa mostrare: perché riguarda l'amicizia.

L'immagine più bella che l'*Iliade* ci offre di questo rapporto è quella di Achille che nella sua tenda canta per Patroclo. È a Patroclo che Achille svela la sua vera persona, il guerriero si mette a nudo: quello stesso che adesso canta per lui con tanta dolcezza, tempo due giorni sgozzerà dodici ragazzini troiani sulla pira funeraria del suo cadavere. Patroclo conosce bene la ferocia di Achille, vive al suo fianco da almeno quindici anni. Eppure lo ascolta cantare. E l'ascolto è senza dubbio l'aspetto più profondo che l'amicizia di Patroclo offre ad Achille e ciò che noi dobbiamo conservare della sua memoria. Proprio perché di Achille conosce tutte le pieghe, la spietata ferocia, oltre che la sorprendente rapidità, il narcisismo e l'abbagliante egoismo, Patroclo conosce anche il suo profondo bisogno di amare, che si mostra tanto chiaro nella musica. Immagino che sentire Achille cantare dovesse essere meraviglioso, forse perfino meglio che vederlo combattere – anche se la rapidità feroce con cui era capace di trafiggere il suo avversario, prima ancora che quello si rendesse conto di come il combattimento era già iniziato, doveva essere spettacolare. Dovremmo davvero amare la leggerezza con cui Achille pizzicava le corde della sua cetra e la misura con cui calibrava la sua voce nel canto, c'era qualcosa di divino, proprio lì dove la leggerezza e la misura diventano la forma definitiva della velocità. Ma in tutto ciò, nella scena a cui stiamo assistendo, quello che non possiamo fare a meno di notare è il fatto che Achille abbia bisogno che Patroclo stia lì ad ascoltare la sua musica – nello stesso modo, verrebbe da dire, con cui ha bisogno che Briseide si faccia amare o che Agamennone riconosca il senso del suo destino. Questo non è soltanto il narcisismo dell'eroe che esige l'attenzione del pubblico, c'è qualcosa di molto più sottile e profondo. Cantare a Patroclo, per Achille, è un po' come immergersi nella vasca da bagno che è sua madre: chiudendosi nella musica, riparandosi là dentro, completamente avvolto mentre il rumore del mondo di fuori resta attutito: lui sa di essere ascoltato e riesce a sentire la sua stessa voce che dal profondo canta la profondità. Ecco, in quei momenti Achille si sente se stesso, perché Patroclo, l'amico, l'amante, l'amato, è per lui come il mare, lo specchio della sua anima.

### *L'amicizia*

Ma adesso dobbiamo tornare alla battaglia: perché se per un momento, mentre la seduzione di Era distraeva Zeus, Ettore è sembrato soccombere ai micidiali colpi di Aiace, nel continuo spostarsi delle sorti da un lato all'altro, ora i Troiani stanno arrivando alla spiaggia dove daranno fuoco alle navi. Allora la disfatta dei Greci è diventata imminente, non si tratta soltanto della prospettiva di perdere tutte le navi e, quindi, non poter fare ritorno, nel frattempo buona parte dei comandanti è stata ferita e l'esercito è praticamente in rotta. Ed è qui che Patroclo mostra tutta la sua attenzione. L'attenzione è empatica e universale, è – come dice Simone Weil – la più alta forma di amore. Patroclo, a differenza di tutti gli altri eroi di questo dramma, ha una totale dedizione nei confronti del mondo che lo circonda e del prossimo: quindi non solo nei confronti di Achille ma di ognuno dei suoi compagni d'armi.

Non più di ventiquattro ore prima, Achille aveva suggerito a Ulisse e Diomede di prendere le loro cose a tornarsene a casa, è quello che doveva fare anche lui perché di lì a poco Ettore avrebbe messo in rotta l'esercito greco. E aveva ragione. Però, adesso, nel metter in atto i suoi migliori propositi, mentre magari sta dando l'ordine di smontare l'accampamento, pensa comunque di mandare Patroclo a vedere cosa ne è della battaglia. Non dobbiamo scordarci che quella dei Greci è un'alleanza, dunque gli schieramenti che la compongono appartengono a diverse isole, quindi città, se non proprio paesi. Patroclo sta insieme ai Mirmidoni di Ftia, soldati che poco hanno a che fare con quelli di Micene o di Itaca e che, fra l'altro, da quando Achille ha preso le distanze da Agamennone, si sono di fatto ritirati dal conflitto: dunque Patroclo non ha alcun dovere nei confronti degli alleati, né morale, né sostanziale, né formale. Ma lui è un espatriato, un rifugiato, un cittadino del mondo (diremmo oggi) che è stato accolto a Ftia perché Peleo è un re aperto che crede nel suo regno come luogo di accoglienza e democrazia – un'isola utopica dove a ognuno è concesso un suo spazio e dedicata la giusta attenzione. Certamente Patroclo, che è stato in un qualche modo adottato da Peleo, ha accolto per sé l'insegnamento di quell'isola. Allora quello che succede è che vedendo l'esercito in rotta e i suoi compagni andare verso la sconfitta e la morte, decide di andare da Achille per pregarlo di tornare a combattere. E Achille si rifiuta. Così gli chiede almeno di prestargli le sue armi, in modo da cercare di ingannare i Troiani, cercare di spaventarli un po', farli indietreggiare. È un tentativo disperato, per guadagnare qualche prezioso metro di fronte e dare respiro a un esercito allo stremo. Achille, alla fine, si fa convincere.

Questo è il piano dell'amicizia. In questo scambio si gioca tutta la complessità del rapporto tra Achille e Patroclo. Se non c'è modo di sfuggire alla stretta del destino, entrambi adesso stanno cercando di assecondare le esigenze l'uno dell'altro. Patroclo, oltre che delle sorti dell'esercito greco, sembrerebbe essere preoccupato di come il suo amico possa uscire da una posizione debole dal punto di vista politico. Achille è comunque un generale, è il capo di uno schieramento che sta partecipando a una guerra e che, sul più bello, decide di tirarsene fuori: avrà pure le sue ragioni, ma non ci fa una bella figura nel voler tenere il punto oltre ogni convenienza strategica. Sul piano militare, nei confronti dei compagni, che Patroclo ha appena visto in evidente difficoltà, la posizione di Achille è insostenibile e tutto sommato anche ingiustificata – un folle capriccio. Facendosi prestare le sue armi, Patroclo vuole far finta che Achille sia tornato, non solo agli occhi dei Troiani, ma anche a quelli dei Greci. Ma nello stesso tempo, Achille non vuole tornare, né dare alcun supporto all'alleanza greca e soprattutto non vuole togliere nessuna castagna dal fuoco di Agamennone. Però cede alla richiesta dell'amico. Per l'unica ragione che è proprio il suo amico a chiederglielo – se fosse venuto chiunque altro a proporgli una cosa del genere, cioè di vestire la sua identità, perché di questo si tratta, non gli avrebbe neanche fatto terminare la frase. Qui Patroclo non gli sta chiedendo di prestargli un cappotto lungo per una serata elegante o la sua Aston Martin verde inglese per fare lo splendido con una ragazza: gli sta chiedendo di prendere il suo posto, non metaforicamente, ma letteralmente. Nessuno dei due sa, bisogna aggiungere, né può immaginarlo, che è proprio questo scambio che li porterà lì dove è necessario che vadano.

Non ce ne vogliano i filologi e i letterati troppo raffinati, ma questa è la storia di *Piccolo blu e piccolo giallo*, i due colori che sono amici, amici come soltanto due bambini sanno esserlo. E infatti alla fine diventano così amici da scambiarsi di posto e, abbracciandosi, si perdono l'uno nell'altro – è questo che si chiede all'amicizia. Ma perdendosi in quell'abbraccio, piccolo blu e piccolo giallo diventano una cosa sola, verde. *Piccolo blu e piccolo giallo* è un racconto per immagini che arriva forse allo stesso livello di profondità del XVI libro dell'*Iliade* (anche se in pochi se ne rendono conto, trattandosi di un libro per bambini e perlopiù illustrato), ma da vero capolavoro non risparmia affatto ai suoi giovani protagonisti le conseguenze che per loro comporta la verità.

Il punto di vista di Patroclo e di Achille, così come quello di piccolo blu e piccolo giallo, vuole che l'amicizia possa portare a una totale assimilazione dell'uno nell'altro: non solo non è un problema, ma sembra essere il loro scopo ultimo. Il problema, se mai, a questo punto è come vengono visti dal resto del mondo. Il loro legame è così profondo da farli arricchire entrambi di questo rapporto, del loro scambio: difatti entrambi lo cercano e lo vedono come una soluzione – Patroclo non avrebbe mai combattuto in quel modo e Achille non sarebbe mai tornato a combattere. Ma non è lo stesso per gli altri. I genitori di piccolo blu e piccolo giallo, quando vedono quella macchia di colore verde si spaventano credendo di averli perduti.Ugualmente succede per Achille e Patroclo, il mondo non li riconosce, lascia che Patroclo combatta come non avrebbe mai potuto e che Achille torni come non avrebbe mai voluto, ma non li riconosce.

## *Io non sono io*

Neanche gli dèi sembrano riconoscerli. Stavolta rimangono a guardare, o almeno all'inizio è questa l'impressione: da una parte cercano di capire cosa succede e dall'altra lasciano che accada quello che deve – senza che sia per altro chiaro se il destino lo abbia previsto o meno. Già lo abbiamo detto, gli eroi di questa storia sono destinati a subire il volere di Zeus e l'unico problema che si possono porre è di esserne all'altezza. Se le cose sono andate in questo modo almeno fino a qui, adesso sembra invece che il volere di Zeus non c'entri più, conta soltanto la determinazione di Patroclo. E lui non sta rifiutando o cercando di modificare la sua stessa condizione, ma quella dei suoi compagni, soprattutto quella di Achille. Immagino che sia questo a spiazzare gli dèi: è come se, indossando le armi di Achille e agendo per amore di qualcun altro, Patroclo si fosse messo in una posizione che il destino non riesce a contemplare. In fondo, nel mettere in atto il loro espediente, Achille e Patroclo riescono a ingannare la Necessità andando ognuno contro la propria indole; per carattere, abilità o formazione, ognuno dei due è diverso da come sta cercando di essere in questo momento insieme all'altro. Per quanto gli piacerebbe avere la capacità empatica e di attenzione che ha Patroclo, Achille non potrebbe mai passare sopra all'affronto di Agamennone, non è una questione di principio, davvero non ne sarebbe capace, non potrebbe riuscirci; invece lo fa con le sue armi perché queste sono abitate da Patroclo. Nello stesso modo, per quanto gli piacerebbe avere la forza e la velocità di Achille, Patroclo non sarebbe mai capace di combattere a quel modo, non sarebbe neanche in grado di spingersi oltre il primo scontro; invece lo fa, perché sta abitando le armi di Achille.

Alla fine la sospensione che Zeus concede a questa scena è indicativa del suo stesso stupore, sembra che anche lui voglia vedere come va a finire. Così, per una volta, ci ritroviamo con gli dèi seduti in platea al nostro fianco per vedere quello che non stava scritto da nessuna parte: che le armi del più forte fra gli eroi, indossate dal suo scudiero, avrebbero espugnato Troia.

Se non fosse tutto così drammatico, si potrebbe perfino pensare a una commedia del teatro elisabettiano dove le figure si scambiano i panni e gli attori mostrano le loro identità mentre i personaggi sfuggono al proprio destino perché si sono vestiti con quella di un altro. Ma questa storia non è una commedia, non fa ridere, perché il destino di ognuno è segnato fin dall'inizio e non c'è modo di modificarne il finale tragico. Zeus lo ha svelato: tutto è fatto perché Achille uccida Ettore, è quello il centro del dramma: ma se Achille deve tornare a combattere occorre che Patroclo muoia. Agli dèi, alla Necessità, qui, non interessano le conseguenze personali (come dire, emotive), non c'è spazio per nessuna incertezza, nessuna sospensione della storia. Eppure gli attori sulla scena continuano a non sapere bene cosa sta succedendo. Sul piano narrativo, mentre Patroclo indossa le armi di Achille l'unica tensione che ci è concessa è nel poterci porre questa domanda: chi c'è veramente dentro a quelle armi? Ettore ha capito chi è che sta decimando il suo esercito? Quand'è che i Troiani si accorgono che quello è Patroclo e non Achille? E Patroclo, invece, lo sa di non essere Achille? Perché a vedere da come combatte, e avanza sul campo schiacciando qualunque nemico si presenti alla sua portata, non si direbbe affatto. Chi è allora che sta combattendo questa battaglia?

Per capirlo bisognerebbe avere le idee molto più chiare su come funziona, nella totalità della persona, il rapporto tra le armi e il corpo di un eroe.

## *Quello che manca*

Ecco, il fatto è che per Omero, così come per i Greci dell'VIII secolo avanti Cristo, questa cosa non era molto chiara: c'era una bella ambiguità a riguardo, come se non lo sapessero nemmeno loro che distanza passa tra la persona, il suo corpo e le sue armi. E se è difficile per noi entrare nell'ordine delle idee di una concezione del corpo e dello spirito ancora molto arcaica e distante dalla nostra, io credo che qui Omero stia invece mettendo in scena quest'indefinitezza, da una parte è quello che vuole farci credere e dall'altra è quello di cui ci sta parlando: per l'eroe, nel dover subire il proprio destino, c'è qualcosa che manca tra il suo corpo e le sue armi. Non basta dire che l'identità della persona è nelle sue armi o che il corpo perderà il suo soffio nel momento in cui muore. Gli studiosi, i filosofi, continuano a discuterne, e a progredire nelle loro discussioni, ma continua a esserci qualcosa che manca. La prima cosa che mi viene da pensare è che proprio in questa mancanza che stanno gli dèi: o per meglio dire, quello spazio è in realtà colmato dagli dèi e dalla Necessità. Allora è questa l'indefinitezza che Omero sta mettendo in scena: e la presenza del divino, non può che essere mostrata come tale, indefinita.

Credo anche che questa indefinitezza sia proprio al centro del tentativo da parte di Patroclo di sfuggire alla pressione del destino, all'azione divina che lo stringeva, mettendosi nelle armi di un altro. Non sto cercando di porre un problema filologico, né di antropologia del mondo antico, ci sono appunto molti studi che cercano di capire quale fosse veramente la concezione del corpo, dell'anima e delle armi in Omero, e quindi nella civiltà greca in quel momento della sua storia – io non sarei in grado di affrontare il problema su quel piano, né mi interessa farlo. È molto più importante, adesso, dal mio punto di vista, sapere cosa pensano i personaggi di questo racconto, come la vivono loro. Anche perché, ne sono convinto, stanno per dirci qualcosa di molto importante (importante per noi, adesso). Ecco, credo che è proprio muovendosi in questa ambiguità, nello scarto dell'indefinitezza, che potranno fare la differenza, dimostrandosi all'altezza del ruolo che la letteratura gli ha dato. Questa storia deve dire qualcosa a noi, e per potercela dire i suoi protagonisti si sono infilati in quella crepa (la "maglia rotta nella rete che ci stringe"): è in quello scarto, tra il loro corpo e le loro armi, che devono cercare di muoversi. D'altronde senza questo spazio vuoto, Patroclo non sarebbe mai potuto andare in battaglia al posto di Achille. Ed è, invece, proprio ciò che vuole fare.

Innanzitutto le armi di Achille significano la sua armatura, lo scudo, l'elmo e i gambali – poi anche la lancia e la spada. Ma le sue armi sono la sua identità, il modo con cui il mondo lo vede combattere, esserci, essere, e quindi lo riconosce. E allora è quasi come se le armi fossero anche il modo con cui sente, percepisce le cose e si relaziona con la realtà. Nei duelli in cui gli eroi si confrontano, alla fine, quando uno dei due è morto, l'altro si accanisce a volersi impossessare delle sue armi con quasi più foga di quanta ne aveva messa per ucciderlo. Le armi, non sono soltanto lo strumento per combattere ma il fatto stesso di combattere. Loro sono dei guerrieri, e ciò che dà senso e compimento alla loro esistenza sono le loro armi. È la stessa cosa che Diomede dice a Nestore riguardo alla reazione che Zeus si aspetta da lui: deve dimostrarsi all'altezza del suo destino, coincidere con l'immagine che le sue armi, quindi il combattere, danno di lui.

Così, vedendo arrivare le armi di Achille e dietro i soldati Mirmidoni, i Troiani cominciano a fuggire terrorizzati, è Achille che li sta terrorizzando. Questo è l'apice dell'ambiguità che hanno deciso di mettere in scena: tutto è, nello stesso tempo, incalzante e incisivo ma anche indeterminato. Anche se lì dentro non c'è Achille, quello è davvero Achille, le sue armi sono la sua capacità di combattere e sono dunque loro a uccidere tutti quegli uomini. E invece lì dentro c'è Patroclo, che sta combattendo con la forza di Achille, ma che continua a essere Patroclo, con la sua determinazione e la sua attenzione nei confronti del mondo, la sua empatia e capacità di amare.

Nessuno se lo sta domandando esplicitamente, ma come fa tutto ciò a tenersi insieme? Eppure in poco più di una mattina di combattimenti Patroclo arriva a un passo dal conquistare Troia. Da solo riesce a far indietreggiare i Troiani riprendendo il terreno che i Greci avevano perduto in due giorni di battaglia; fino a che non uccide Sarpedonte.

Sarpedonte è importante non solo perché si tratta del re dei Lici, popolo alleato di Priamo e venuto in difesa di Troia, ma perché è tra i migliori in campo, secondo soltanto a Ettore, e poi perché è figlio di Zeus. Così quando il dio si rende conto che Patroclo sta per uccidere suo figlio, si spaventa e vorrebbe fermarlo. Ma Era, che qui appare quasi coscienziosa, gli ricorda che neanche lui può intromettersi per impedirlo. L'impressione è che lo stesso Zeus, vedendo come Patroclo avanza verso la disfatta di Troia, si stia chiedendo fin dove riuscirà ad arrivare, nei panni di un altro, in questo inganno che offusca prima di tutto le identità degli eroi. C'è qualcosa in Patroclo, continua a esserci, che sembra sfuggire al controllo degli dèi, come se davvero non fosse previsto che si spinga tanto in là. E invece uccide Sarpedonte senza troppe difficoltà e poi comincia ad avanzare. Questo è il momento in cui sembra che i Greci abbiano davvero ribaltato la situazione.

Ma poi, finalmente (verrebbe da dire) rientrano in scena gli dèi. Certo, anche poco prima, mentre Patroclo combatteva, Zeus si era domandato se non fosse il caso di farlo morire, ma poi aveva deciso di lasciarlo avanzare ancora un po' – e così era successo: lo scudiero è arrivato fin sotto alle mura. Ed è a questo punto che, invece, è intervenuto Apollo. E gli interventi di Apollo sono sempre risolutivi. Non è un caso se, ancora una volta, è il dio della luce e di ciò che va reso palese che arriva a svelare l'inganno: quindi ferma Patroclo per lo stesso motivo per cui, più avanti, farà in modo che Paride uccida Achille. Il dio che custodisce il sacro deve tracciare una linea tra ciò che è degli uomini e ciò che è degli dèi: se è vero che il tentativo di Patroclo e Achille è quello di superare quel limite, di invertirlo o forse soltanto di confonderlo, definendo in modo più netto ciò che invece appartiene soltanto agli uomini, Apollo non può che fermarli. Perché quel limite comunque non può mancare; può essere spostato, certo, ma non essere eliminato.

Così mentre Patroclo è arrivato ad arrampicarsi per espugnare una delle torri, Apollo gli si mette davanti per respingerlo. Quello per tre volte cerca di oltrepassare le mura, per tre volte la mano di Apollo lo rimanda indietro, ma quando ci prova di nuovo allora, senza mezze misure, il dio gli ordina di fermarsi: non è destino che sia tu a violare le mura di Troia, gli dice, aggiungendo poi che neppure Achille potrà farlo. Apollo porta sempre chiarezza e, in questo caso, lo fa parlando con grande linearità e senza lasciare adito a nessun tipo di fraintendimento: non solo gli sta dicendo che non può violare le mura, inviolabili, di Troia, ma sottolinea anche la sostanziale differenza tra lui e Achille.

Dopodiché Apollo va da Ettore per spingerlo a reagire; questo è importante perché Ettore fino a quel punto era stato fermo a vedere in che modo Patroclo faceva a pezzi il suo esercito. Difficile dire cosa pensasse veramente, ma è rimasto basito anche lui da quell'inganno, senza osare reagire in alcun modo a quell'attacco. Almeno fino a che Apollo non è venuto a spronarlo dicendogli di salire sul suo carro e andare contro Patroclo. Patroclo allora, – e senza troppo esitare – colpisce con un sasso in mezzo alla fronte lo scudiero di Ettore, quello muore cadendo e il carro si ribalta. Anche qui sembra che Ettore non sia poi così convinto di volersi misurare con Patroclo, forse tutto continua a essere troppo sottile e indefinito anche ai suoi occhi, quasi etereo: un guerriero, nella sua nuda umanità, che veste le armi di un altro. Ma mentre Ettore si decide ad affrontarlo, forse senza neanche sapere bene chi ha davanti, Patroclo viene scosso come se qualcuno alle sue spalle gli avesse dato una manata sulla schiena, l'elmo gli cade dal capo: adesso l'inganno è svelato, la magia è svanita e Patroclo a questo punto può davvero morire – dietro di lui, Apollo osserva la scena.

### *La forza*

Ettore è senza dubbio il più nobile fra i personaggi di questa storia (tolto Patroclo, ovviamente): ce ne siamo accorti vedendolo parlare con Elena, con sua madre o con Andromaca, e ancora di più per come si emoziona davanti a suo figlio. Ma la verità è che tutta quest'umanità, che a noi sembrava tanto limpida e perfino luminosa, non gli impedisce di negare a Patroclo qualsiasi pietà mentre lo uccide senza neanche averlo affrontato.

Apollo ha appena fatto cadere il suo elmo con una manata e Patroclo, strabuzzando gli occhi, si è quasi stupito di ritrovarsi solo e se stesso in mezzo a quella battaglia. L'elmo rotola per terra, i pennacchi si sporcano di polvere e sangue e viene evidente a tutti come non si sarebbero mai sporcati in quel modo se quell'elmo fosse stato indossato da Achille. Patroclo si gira, mentre anche la corazza gli cade di dosso, e un dardano qualunque tira una lancia colpendolo alle spalle. Così, mentre Patroclo cerca di sfilarsi alla morte, arriva Ettore: lo vede, da solo, barcollare con un giavellotto conficcato nella schiena, gli viene vicino, lo guarda in faccia e lo trafigge a sua volta. (Che gloria c'è a uccidere un soldato ferito?)

Ecco: qui succede questo fatto che non riusciamo a spiegarci né vorremmo farlo, perché ci dice una terribile verità sulla nostra vita. Di fronte a Ettore che lo sta uccidendo, Patroclo è immobilizzato e la sua persona ridotta allo stato di un oggetto. La sua anima è piegata, derelitta, letteralmente modificata dalla forza che Ettore gli sta imponendo. In ogni duello combattuto in questa guerra la forza di uno finisce per piegare l'anima dell'altro, ma se dobbiamo sceglierne una fra tutte, la scena in cui viene evidente come l'*Iliade* sia davvero il poema della forza è proprio questa.

Non solo Ettore non ha alcuna pietà, ma nessun sentimento gli impedisce di voler piegare Patroclo per togliergli la vita annullando la sua persona, mentre quello è reso un corpo morto ancora prima che sia stato ucciso. Qui ci viene mostrata con singolare durezza l'atroce condizione della nostra umanità, e non è tanto il modo con cui muore Patroclo, quanto quello con cui Ettore lo uccide. Ci siamo sempre soffermati sulla ferocia di Achille, però qui Ettore non solo è feroce, ma anche ignavo e abbastanza vigliacco, e questo non fa che stridere con l'immagine che ha dato di sé fino a questo punto. Mostrandoci quanto anche le persone più nobili, nella loro umana condizione, possono essere sottomesse alla forza, nel subirla ma anche nell'imporla. È chiaro, tutto ciò lo rende umano, così come sarà umano quando comincerà a fuggire davanti ad Achille mentre quello sta per ucciderlo, ma Ettore adesso ci sta svelando una verità ancora più insopportabile: davvero subiamo il nostro destino, la volontà degli dèi, la sventura della nostra condizione, non solo quando veniamo uccisi, ma anche quando siamo noi a uccidere. Non è questo un problema morale – non stiamo dicendo che si possono così giustificare gli assassini – ma religioso, spirituale, e che riguarda la condizione umana. Chiunque può essere portatore del male, trovandosi a dover piegare alla propria forza il suo prossimo, anche senza arrivare a uccidere, e anche senza volerlo. Qui è tutto particolarmente stridente, perché sia Ettore che Patroclo sono quelle che vorremmo definire delle belle persone, con la loro attenzione e dedizione verso gli altri. Sono quel tipo di personaggi che uno sceneggiatore non metterebbe mai uno contro l'altro (non volendo certo compromettere i risultati al botteghino) e che chiunque vorrebbe invece invitare a cena – loro due e di certo non Achille o Ulisse, né tantomeno Agamennone. Eppure non saranno né Patroclo né Ettore a darci alcuna indicazione su come sollevarci dalla condizione che Patroclo ed Ettore stanno mettendo in scena adesso.

La verità è che davvero non so immaginare cosa abbia pensato Ettore nel momento in cui stava piegando la vita di Patroclo al punto da renderlo niente: mentre vede il suo corpo morire e le armi di Achille, lì accanto, farsi opache di tutto quel sangue. Forse ha pensato la stessa cosa di cui ci aveva parlato Achille pochi libri prima: è un soffio che una volta uscito dalla bocca non può più essere riportato indietro.

Alla fine Ettore affonda la sua lancia e il corpo di Patroclo rimane lì, perché il soffio ormai lo ha lasciato. L'intervento di Apollo è risolutivo e definitivo. Definitivo perché dopo che Ettore ha ucciso Patroclo il racconto non ha più niente da svelare, tutto quello che deve succedere è successo, tutto quello che succederà sta già succedendo. Ma se la morte di Patroclo è il punto di non ritorno dopo il quale niente sarà più come prima, di lì segue una lunga sospensione, dove tutti vogliono aspettare che il resto cominci ad accadere. E questa sospensione va avanti per la durata di un'estenuante battaglia intorno al cadavere di Patroclo. Credo che questo sia il momento più drammatico di questo racconto, proprio perché da qui in poi tutto sarà determinato. Se c'era una possibilità che questa trama non finisse così (così male, intendo) questa possibilità era in Patroclo: lui era l'uomo che avrebbe potuto fermare il disegno divino e possiamo essere certi che le sue intenzioni fossero quelle. Scegliendo di indossare le armi di Achille, Patroclo ha definito la sua posizione nel mondo, costringendo gli altri a fare altrettanto. Così, adesso che la sua azione è terminata, sta per arrivare il turno degli altri.

### *Il corpo morto di Patroclo*

L'impressione è che tutti si stiano concentrando sul corpo morto di Patroclo, come se questo loro agire possa fermare ciò che invece dovrà accadere di lì in avanti. Il primo che accorre è Menelao: arriva e comincia da solo una battaglia durissima e feroce che va avanti per tutto il resto della giornata fino quasi al tramonto. Menelao è un personaggio che abbiamo notato più che altro per la sua mediocrità, viveva di luce riflessa (come il principe di Edimburgo), il suo ruolo era di fare lo sposo di Elena o il fratello di Agamennone – e non si è certo distinto per molto altro. Eppure la sua gloria, tutta la sua gloria, è concentrata nel momento in cui arriva di corsa per difendere il cadavere di Patroclo. E adesso questa gloria è quanto mai alta – il motivo per cui varrà la pena che la sua figura venga cantata: solo il pensiero continua a commuoverci, come pochi altri passaggi di questo poema, perché ci dice che Menelao ha riconosciuto la grandezza di Patroclo la cui azione, dunque, non è stata invano.

Se è vero che Patroclo ha allargato lo spazio vuoto che c'era tra il corpo e le armi, nel momento in cui il corpo muore e le armi si svuotano, quello spazio sta diventando visibile: se prima apparteneva al divino, adesso gli altri eroi riescono a vederlo, possono cominciare a riconoscerlo. Per questo corrono a difendere quel cadavere.

Più avanti si aggiungeranno anche Aiace e Mezione e, almeno fino a che Menelao non manderà Antiloco ad avvertire Achille, sembra che lo scontro non possa risolversi. Una strenua lotta per difendere un corpo morto, svuotato: non c'è niente, soltanto un cadavere e un'armatura, cibo per i vermi, ferraglia arrugginita. La prima cosa che ci viene da pensare, allora, è che ai loro occhi, a quelli di Menelao così come a quelli di Ettore, quei vermi e quella ruggine dovrebbero essere meno importanti di quanto non lo sia il soffio che oramai ha abbandonato Patroclo. Perché quindi è tanto decisivo per loro difendere quel cadavere, se quella vita non potrà più tornare indietro? Perché è vitale tenerlo integro, salvarlo dai corvi e dai cani?

Magari non ne sono ancora così consapevoli, ma a me sembra che adesso sia arrivato il momento, per loro, di ridefinire il rapporto tra il corpo e le armi. E che sia proprio quello che stanno cercando di fare difendendo quel cadavere o cercando di straziarlo e, nello stesso tempo, cercando di depredare o di appropriarsi delle armi di Achille. Sono gli eroi a dover portare a compimento questo passaggio, è quello che la letteratura chiede loro, prima che il sipario si abbassi e finisca il dramma di cui sono stati protagonisti. Sono disorientati, non hanno un'idea chiara di quello che sta succedendo e fanno quello che devono, quel poco che sanno, in questo fragore della terra che sta cominciando a tremare sotto i loro piedi e facendo loro perdere ogni equilibrio. Sembra davvero che l'unica cosa che possono fare, che sanno fare e si sentono di poter fare sia cercare di difendere, o di impossessarsi, di un cadavere.

Almeno dal loro punto di vista, per come hanno visto le cose fino ad adesso, il cadavere di Patroclo è la sua persona e cioè le sue intenzioni; difendere quel cadavere e lottare per quelle armi significa salvaguardare e impossessarsi della sua forza e del suo coraggio, l'attenzione e la dedizione che ha avuto per gli altri, il suo amore per Achille, la sua capacità di ascoltarlo. Ma nello stesso tempo vogliono riconoscere l'attenzione e la dedizione di questo scudiero, perché è stata quella attenzione e dedizione a riempire uno spazio che fino a quel momento neanche c'era.

Per una battaglia che dura tutto il pomeriggio, Ettore ed Enea da una parte, Menelao, Aiace e Mezione dall'altra, stanno cercando di fermare il tempo attorno alla figura di Patroclo. È quasi il tentativo disperato di affermare quello che hanno sempre creduto vero: mantenere un corpo integro nella sua bellezza, nell'idea che questo possa davvero offrire pace a lui che è morto e a quelli che, invece, restano. E nel frattempo, ne sono certo, si sono anche accorti che c'era dell'altro: che le armi e il corpo non bastano più a definire una persona. Ma mentre continuano a combattere e a resistere, ormai ridotti allo stremo, all'improvviso dall'alto della fortificazione greca alle loro spalle si alza la figura imponente di Achille che si affaccia sul campo di battaglia e lancia un urlo disumano.

La storia può riprendere il suo corso e da questo momento davvero niente sarà più come prima: perché l'urlo di Achille dice una cosa molto precisa che non coincide affatto con ciò che tutti hanno creduto fino a questo momento: quel corpo morto non basta, non gli basta più, perché lui adesso sta vedendo (e sentendo) quello che manca, e che continuerà a mancargli anche quando avrà riportato il cadavere del suo amico nell'accampamento greco.

Sono arrivato a pensare che sia stato proprio Achille, con il suo urlo e il suo dolore, a definire la mancanza che passa tra il corpo e le armi: lui sta segnando quella distanza. Sembra quasi che voglia allargare quello spazio, per lasciare che il vuoto sia visibile, e così rendere evidente il fatto che Patroclo gli mancherà.

Ma questo vuoto gli pesa terribilmente dentro, e l'unica cosa che può fare per colmarlo è riempirlo con la sua rabbia. L'ira funesta che siamo abituati a pensare di Achille, è diventata una rabbia feroce. Non ci sono né armi né corpo, ma solo dolore. Lui stesso non è più niente: le sue armi sono in mano a Ettore che è riuscito a impossessarsene e, nel corpo morto di Patroclo, di tutto il suo amore rimane solo la morsa di dolore che gli stringe le viscere.

Dopo aver passato la notte a disperarsi, dopo aver ottenuto che la madre facesse costruire da Efesto delle nuove armi, Achille arriva sulla piana di Troia con una sola ossessiva idea: uccidere chiunque gli si pari davanti per poter arrivare, quindi, a uccidere Ettore. Non è neanche un'idea, ma soltanto ferocia: e non si può pensare alla violenza atroce che Achille sta mettendo in scena senza immaginare come a questa corrisponda un uguale e lancinante dolore.

Quello che succede non è difficile da dire: uccide tutti. Senza alcun contenimento della sua forza, senza alcuna ragione strategica, militare, meno che mai politica: c'è soltanto dolore, un dolore che può essere misurato solo confrontandolo con la capacità di amare che quel dolore ha carpito, umiliato, offeso, annientato. In questa follia isterica e omicida Achille ha solo un momento, in realtà, di quasi lucidità, un lampo strategico, strutturato, quando cattura dodici ragazzetti troiani da poter sgozzare, poi, sulla pira funebre di Patroclo. Per il resto li uccide tutti, e ne uccide così tanti che il fiume, a un certo punto, gli si rivolta contro.

La scena diventa così surreale che neanche un regista di culto di quelli cresciuti a spaghetti western e film horror di serie B potrebbe concepirla altrettanto cruda: Achille uccide così tanti soldati troiani gettandone i cadaveri nello Scamandro, che lo stesso fiume si ribella esondando le sue acque fino a invadere tutta la piana di Troia – dico acque ma più che altro è schiuma, sangue e cadaveri che finiscono ovunque. In questa visione così apocalittica il fiume stesso, uscendo dai suoi argini, comincia a inseguire Achille per travolgerlo, abbatterlo, fermarlo. Anche Scamandro è un dio (un dio troiano), ma tolta la teofania quello che dobbiamo notare è come Achille, stavolta, sia del tutto incapace di contenere la liquidità; adesso non riesce a correre abbastanza veloce da potervisi sollevare sopra come gli aveva insegnato Chirone. La rabbia (il dolore) lo ha talmente snaturato che finisce per farsi travolgere dalla sua stessa irruenta e irrefrenabile essenza: niente può essere più feroce, freddo e incontenibile dell'acqua. Achille, destinato a finire nella gloria della battaglia a un passo dalla distruzione di Troia, sta invece per morire annegato da un'acqua melmosa e putrida di sangue e cadaveri che lui stesso ha lordato.

È solo grazie all'intervento di Efesto che riesce a salvarsi, ma lo scenario muta se possibile in peggio, perché il fuoco del dio riporta l'acqua al suo corso nel fiume, ma è oramai evidente che la natura si è ribellata a tanta feroce violenza, e dopo l'acqua il fuoco comincia a bruciare tutto ciò che rimane nella piana. Finché la terra non comincia a tremare.

Questo è Poseidone che sovverte l'ordine delle cose: se Zeus è la solidità della terra, Poseidone è la mobilità indistinta dell'abisso, lo sconosciuto e indefinito, l'inconoscibile; lo sconfinato e quindi ciò di cui non abbiamo controllo né conoscenza, che cambia costantemente sotto di noi, senza sottostare alla nostra ragione. È Poseidone a smottare la terra, la scuote con il terremoto, la frantuma, sposta le faglie della nostra geografia, si oppone alla nostra consapevolezza, a qualunque presa di coscienza. E adesso, sulla piana di Troia, niente è più fermo, non è possibile nessun punto di riferimento.

## *La terra desolata*

Nello scenario aperto da Achille con la sua furia feroce e disumana (o perfino animale) adesso gli dèi, tutti quanti gli dèi, stanno emergendo dalle profondità dell'abisso per combattersi uno contro l'altro nella piana cosparsa di cadaveri e devastata dal fuoco, dall'inondazione e dal terremoto – quei pochi alberi che sono rimasti in piedi sono tronchi carbonizzati. Non siamo soliti dare troppa attenzione a questa scena, forse concentrati più che altro sulla reazione di Achille, ma la verità è che alla sua rabbia, diventata devastante, corrisponde una violenza divina e del profondo cha arriva a superare quel vuoto per aprirlo alla distruzione. Adesso il conflitto fra gli dèi emerge in modo esplicito, e sulla scena scendono per combattersi apertamente Atena, Afrodite, Ade, Efesto, Artemide, Ares, Leto, Era,

Apollo, Ermes e Poseidone. Solo Zeus, dopo averli lasciati liberi di andare, quasi istigandoli a scatenare quella violenza, si piega da un lato a osservare la scena. Potranno affrontarsi senza più bisogno che gli eroi nel mezzo subiscano le loro azioni, la forza è venuta alla luce, e tutto sembra volerci riportare a quel momento cosmogonico in cui Zeus affermò il suo potere e gli dèi si combattevano gli uni contro gli altri. Zeus sembra aver smesso di cercare il suo equilibrio, nessun Necessità, né alcun destino, governa il Cosmo: le forze sono emerse e si scontrano in tutta la loro violenza. Non è un pensiero da poco quello che stiamo per fare, non è un'immagine facile a cui assistere. Quello che vediamo adesso è che "il mondo ha cominciato a muoversi come una cosa malferma", per dirla con Shakespeare (o, ancora meglio, con John Donne: "ogni coerenza è scomparsa, così come ogni giusto sostegno o relazione"). Nessun equilibrio sembra più possibile, tutte le tensioni, e anche tutte le visioni, verrebbe da aggiungere, gli scenari, le immagini vengono liberate perché esplodano le une contro le altre: non è neanche più il caos, ma il più violento e disarticolato degli incubi.

Se siamo abituati a riconoscere come nostra la rabbia che in Achille provoca il lutto, dovremmo prima ancora riconoscere la devastazione che questo conflitto sta mettendo in scena. Ma la scena è disumana, desolata, infernale e nello stesso tempo lunare, priva di gravità e di consistenza umana. Adesso, meno che mai, non dobbiamo pensare agli dèi come persone, le loro statue o raffigurazioni, i corpi che combattono. Gli dèi qui sono delle immagini mentali, dei pensieri, delle tensioni interiori che emergono, contorcendo le nostre viscere, e vengono a scontrarsi in noi: è l'oscurità che viene alla luce. E se nella furia di Achille potevamo anche trovare una qualche spiegazione o insegnamento (un briciolo di psicoanalisi), la devastazione in cui la sua furia si muove adesso, questo scenario di distruzione, deve spaventarci (e forse farci riflettere): è uno scenario che va ben oltre il soldato o il combattente, il singolo eroe che ama la sua lancia, o la singola responsabilità di ognuno: ma che in realtà conosciamo molto bene. Per come continua, ciclicamente, ad affacciarsi alla nostra storia, per quanto ogni volta cerchiamo di ignorarlo.

Quello che resta è davvero una terra desolata ("dalla vostra ombra che a sera si leva per incontrarvi, vi mostrerò il terrore di un pugno di polvere"). I crateri e i cadaveri abbandonati sul ciglio della strada, la schiuma di sangue che segna una linea sui tronchi degli alberi bruciati per indicare la quota a cui è arrivata la devastazione, le inondazioni, gli argini smottati, le piante sradicate dalla furia dei venti o i campi allagati, le strade aperte, i boschi carbonizzati, la fuliggine che ricopre la terra ormai spoglia, le colate di lava incandescente che appianano i pendii e le macerie delle nostre città smottate dal terremoto, i bombardamenti, i forni, i crateri e le fosse, il machete, gli schiavi fucilati, i campi, il napalm, le mine e i batteri, i lucernai frantumati, pianoforti divelti tenuti in bilico su delle stanze senza pareti, le barche lasciate a naufragare, la sete annegata e soffocata dall'acqua salata, e poi i mercanti e i mercenari e i costruttori di un'enorme didascalia di denaro, soldi, soldi, soldi, la desolazione che si riflette nei nostri schermi, o in certe misere parole, le labbra gonfiate e rese deformi, l'urlare, l'urlo, l'urlatore, le sfere oblique e i sogni svenduti a rate, le strade asfaltate, la confezione del bene e del male, le cartacce, il cerone e il cerume, l'ineleganza della corruzione, la pubblica amministrazione, l'ignoranza della televisione, i passi falsi e lenti della giustizia e la gloria degli indegni, le scorciatoie del potere, il sorriso dei politici e l'arroganza dei burocrati, l'olio esausto e ogni profitto superiore ai tre punti in percentuale, la comunicazione, i petrolieri, i sandali argentati e i raccolti andati a male, pomodori lasciati a marcire, gli sfruttatori, le processioni, il fuoco e il nulla, la massa enorme degli acquitrini, e gli acquirenti di questo empio commerciare, vendere e comprare, il male e il male, la costante attesa del nuovo, il desiderio infinito spezzettato nella rateizzazione, i festival della canzone, i cugini dei poeti, le copie firmate, quel loro tronfio apparire, gli appelli, le foto a se stessi, i discernimenti in pochi caratteri, la brevità e la semplificazione, qualunque pensiero, qualsiasi pensatore, la fortuna, spettacolare, polvere, sabbia e limatura di ferro, rifugio degli ignavi, la mercificazione, tutte le inutili opinioni, l'inconsistente velocità dell'informazione, bibliotecari del nulla, edicolanti del potere. Eccola dunque, la nostra terra desolata, il vuoto che ha lasciato, l'assenza che ricopre con un sottile strato di inessenzialità la piana di fronte alla nostra città. Se prima, per Achille, c'era l'ingiustizia, il mancato riconoscimento, il disagio dovuto dalla sua grazia e le sue idee sull'importanza della vita, sul bisogno di amore e sulla voglia di tornarsene a casa, adesso c'è solo dolore e una feroce rabbia.

Ecco: senza vedere lo scenario in cui tutto ciò accade, non possiamo capire fino in fondo quale dolore Achille deve contenere. È in questa totale mancanza che Achille sta cercando un compimento alla sua rabbia, un senso al suo lancinante dolore, e anche un nemico da ammazzare. È qui che si sprigiona la sua violenza, il disperato tentativo di colmare l'abisso che ha dentro di sé, e che adesso si sta aprendo sotto ai suoi piedi.

Quello che possiamo notare, piuttosto, è che qualcosa continua a mancare. Lo spazio vuoto che Achille ha visto aperto tra il corpo morto di Patroclo e le sue armi continua a restare vuoto. È in questa desolazione, in questa mancanza, che Achille comincia a inseguire Ettore, dopo che Priamo ha fatto aprire le porte della città per offrire scampo alla ritirata delle sue truppe. Ma Ettore decide di affrontare il suo destino, di non rientrare insieme agli altri e gli va incontro: all'inizio scappa terrorizzato, ma poi si ferma: e Achille lo uccide. Lo trafigge, per storto, dall'alto verso il basso, sopra la clavicola, chiudendo un istante gli occhi sembra quasi di sentire il rumore che fa la carne mentre viene passata dalla punta della lancia, e poi quello secco delle ossa, infine quello del sangue che comincia a sgorgare.

Lo strazio del corpo, così come il dolore di Priamo e di Ecuba che vedono il figlio morire dall'alto delle mura, o i giri che fa Achille trascinandone il cadavere legato al carro, non sono niente – mi ritrovo a pensare – rispetto al vuoto e alla pochezza che a quel punto Achille deve aver sentito dentro di sé. La mancanza ora non è più soltanto quella dell'amico perduto, ma anche quella del nemico ucciso e trucidato: perché se aveva pensato di riempire quel vuoto con la rabbia, uccidendo Ettore si deve essere reso conto che non è servito a niente. Adesso il suo dolore non è soltanto per il male subito, ma anche per l'atrocità che ha inflitto: in Achille ora c'è soltanto mancanza, il vuoto è dentro: è lui senza più nessun midollo nelle ossa.

Non può esserci amicizia tra un uomo e un leone, risponde a Ettore quando quello, prima di spirare, lo implora di mostrare un po' di umanità, salvando il suo cadavere e rendendolo ai genitori. Come al solito, anche qui, al culmine della sua vicenda, Achille appare molto più rude e cinico di quello che è – dando per buono che fa di tutto per apparire tale. Però io non riesco a pensare questa frase come un vanto, un volersi mostrare eroicamente leone, negando ogni umanità. Mi sembra piuttosto un tentativo disperato di riempirsi le ossa di quel midollo che invece non c'è più. Resta un leone, senza più riuscire a essere uomo: così uccide Ettore e poi si ritrova da solo con quest'altro cadavere vuoto ai suoi piedi, com'era vuoto il cadavere di Patroclo, come sarà vuoto il suo. E allora lo strazia, lo lega al suo carro cercando invano di sfigurarlo come chi prende a pugni un morto perché non c'è più chi lo abitava.

Finché c'era Patroclo che lo amava ed Ettore che doveva farsi ammazzare, Achille aveva con chi condividere il proprio destino, ma adesso è rimasto da solo, solo oltre che svuotato. Non gli resta altro che prendersela con un cadavere. Il ghiaccio su cui era riuscito a camminare si è crepato, la velocità non gli basta più e sta venendo giù in un abisso dove nessuna rabbia può dare compimento alla mancanza: non resta che la pochezza della propria condizione. E una sconfinata tristezza.

Ed è lì, posso immaginare, in fondo a quel dolore che Achille ha cominciato veramente a sentire la sua anima. Finché c'era la rabbia a coprire la mancanza, ad anestetizzarla, tanto valeva, ma adesso che la tristezza ha cominciato a prendere il posto della rabbia, adesso sì, Achille sente la sua anima riempirsi. Perché l'anima è ciò che *sente* la mancanza, e lui si ritrova solo e straziato dall'assenza di Patroclo che l'uccisione di Ettore non ha potuto colmare. C'è soltanto la sua anima che si sta riempiendo, come una spugna, si gonfia, di tutta quella tristezza.

Patroclo, entrando in battaglia al suo posto, ha creato quello spazio, e adesso tocca a lui definirlo: è la sua sofferenza a farlo. Perché quello spazio, da adesso, non appartiene più agli dèi, ma agli uomini. La tristezza, ben più dolorosa della rabbia, riempie e dà respiro. E solo così l'anima, affondando in profondità, giù nel buio, verso la morte, riesce a distinguere il bene e il male. Difficile dire se Achille abbia avuto consapevolezza della morte uccidendo Ettore o, ancora di più, disperandosi un'intera notte sul cadavere di Patroclo. Se Patroclo era il suo amico, Ettore era il suo specchio: la profezia che sua madre non ha mai smesso di tenere presente legava inesorabilmente la morte di Achille a quella di Ettore, cioè al fatto di dover uccidere Ettore per poter morire lui stesso. E adesso che Ettore è morto per sua mano, tolto il dolore e l'insensatezza della sua ferocia, non gli resta altro che la morte nella sua nuda verità, non importa chi – è uguale – alla fine tutti quanti muoiono. Adesso che ha vissuto la morte del suo amico, forse l'unica persona che amava veramente, è costretto a collegarla alla morte del suo nemico da lui stesso causata, e al fatto di aver rischiato di morire travolto dal suo elemento, l'acqua esondata del fiume Scamandro. È questa la consapevolezza davanti a cui si ritrova, e a cui lo aveva preparato Chirone negli anni della sua formazione. La velocità per correre sopra la propria liquidità e raggiungere la freccia che di lì a poco lo dovrà uccidere. Davvero il compimento del suo essere eroe è nel suo essere mortale, nel fatto di dover morire. Ora tutto può essere chiaro. Tornato al campo, passerà un'altra notte accanto al corpo morto di Patroclo e a quello, ugualmente morto, di Ettore.

Tutto prima o poi finisce.

Poi erano di nuovi usciti sullo stretto balcone che si affacciava con discrezione sull'isola di Saint-Louis. Lei si era accesa una sigaretta indiana – se le faceva venire apposta, senza sapere neanche bene da dove, ma non le aspirava; così, aveva pensato lui baciandola, era come se il suo respiro fosse fatto di un bene leggermente affumicato. E mentre lui la scrutava gli era sembrato che solo adesso fosse perfetta nella sua bellezza: non erano soltanto i tratti del viso o le linee del corpo; quella perfezione, se ne rendeva conto, era nel modo con cui lui adesso riusciva a guardarla. E per quanti anni erano passati – se solo si fossero presi invece che inseguirsi – quello sguardo sarebbe potuto arrivare molto prima, ma era proprio questo che adesso la rendeva tanto alta. Così mentre lei fumava e lui avrebbe invece voluto tornare di nuovo dentro a stendersi ancora sopra al loro amore, avevano cominciato a dirsi di tutte le occasioni in cui si erano incrociati senza riuscire a lasciarsi andare, ogni volta per sfiorarsi e di nuovo fuggire. Lui le aveva detto di avere ancora ben nitido il ricordo della prima volta in cui si erano baciati, non solo con quale sorriso lei lo avesse accolto, ma perfino che sapore avesse il suo respiro. Lei, invece, si ricordò della volta in cui, poco prima dell'ora di cena, dopo un pomeriggio in una città straniera che le era sembrato perfetto, era improvvisamente fuggita dal letto dove sarebbero dovuti finire. Così mentre guardavano il buio intorno, erano rimasti un po' in silenzio, come per accertarsi di poter custodire, di lì in avanti, quei ricordi tanto precisi e chiari. Sapevano entrambi che la mattina dopo lei sarebbe dovuta ripartire, e che non c'era motivo di rendere le cose ancora più complicate. E mentre una leggera pioggia da fuori quasi li raggiungeva, lui si era anche chiesto se quella sospensione sarebbe potuta uscire di lì e scendere fino sotto al loro balcone, lungo le strade e poi giù fino ai bastioni della Senna, continuando a rimanere tale, sospesa, finendo per posarsi su tutto il resto. Lei gli aveva voluto spiegare di come, venendo a Parigi, alloggiasse sempre in quello stesso e piccolo albergo, trovandolo molto accogliente e ugualmente discreto. Le piaceva perché, pur essendo lussuoso, era anche in un qualche modo austero: sai, così gli aveva detto, mi piace l'idea di potermi chiudere al resto del mondo, almeno per un po', tenendomene a una certa distanza.

E mentre la guardava parlare, sentendo quanto mai chiaro il fatto di amarla, aveva anche pensato a come la malinconia che adesso li avvolgeva avrebbe di lì in avanti continuato a riempirli. E le aveva raccontato di avere da tempo pensato di scrivere qualcosa su Calipso e su come in fondo volesse offrire a Ulisse un'eternità che invece lui sapeva essere impossibile da sostenere. Le disse di averli sempre immaginati, Ulisse e Calipso, in una stanza come quella dove adesso si trovavano. E di come Ulisse, così le stava dicendo, avesse passato sei anni insieme a Calipso, dormendo tutte le notti con lei e consumando ogni mattina la stessa colazione, affacciandosi poi da un piccolo balcone del tutto simile a quello. E mentre alle sue spalle lei dormiva nell'attesa di una nuova notte, lui continuava a perdersi, vedendo la sua coscienza riflessa sulla superficie del mare.

È solo a quel punto, come se avesse sentito anche lei il fruscio che fanno le ali sui sandali di Ermes, gli aveva detto che sarebbe andata a dormire, visto che la mattina dopo si doveva alzare presto per finire di fare i bagagli e poter arrivare in tempo all'aeroporto. Così lui l'aveva vista rientrare nella stanza e spogliarsi come se fosse ormai sola. Preferendo restare ancora un po' a guardarla da quella distanza, ma continuando a voler sentire fra le dita il suo profumo: quando poi era rientrato, sapendo che adesso sarebbe dovuto tornare anche lui nel mondo, si era adagiato qualche istante nel guardarla dormire, bellissima così com'era fra quelle loro lenzuola, e poi era uscito facendo attenzione a non fare rumore nel chiudere la porta.

## Quinta lezione

### *Psiche*

L'amore per Psiche è buio, è al buio. Per un tempo indefinito (ma destinato a finire) Psiche ed Eros si amano al buio, e se questa oscura inconsapevolezza non avesse fine, per loro (e per noi) l'amarsi potrebbe limitarsi alla bellezza e al piacere. Bisogna però superare l'idea che Psiche debba fare un suo percorso di formazione per cui prima deve vivere l'amore al buio di un'incoscienza adolescenziale, per poi andare con una consapevolezza adulta verso la luce di un amore maturo. Invece penso che l'anima sia sempre al buio, perché è soprattutto al buio che ci si ama: che non c'è, né deve esserci, consapevolezza o una qualche coscienza dell'amore: bisogna soltanto amare. E in questo senso l'anima è viola, perché la densità della sua trasparenza, al buio comincia a trasformare il blu volgendolo sempre di più verso il rosso scuro. Allora l'amore è cieco perché non ha bisogno degli occhi: non gli serve una visione, non deve vedere oltre se stesso, né deve andare oltre al singolo momento in cui avviene, non necessita di un futuro, avendo di per sé già ottenuto l'eternità. Sono, se mai, il rapporto, la costruzione, la casa, la famiglia, che hanno bisogno di luminosità e consapevolezza, di una visione, obbligati come sono dalla storia. Per questo l'amore tende verso il buio, la profondità, la morte: perché segue l'anima. Nel racconto di Apuleio Psiche starebbe bene così, amando al buio ciò che la colma, senza alcun bisogno di doverlo vedere. Poi però viene istigata dalle sorelle che le insinuano il sospetto di come quello con cui va a letto, e che ha sposato, non sia un dio ma un mostro; allora lei si arrende a una qualche coscienza morale, al pensiero del domani e all'idea per la quale ciò che le sta capitando (essersi innamorata), proprio perché tanto bello, non può che essere male, e portare male. Le sorelle hanno una concezione dell'amore utilitaristica, economica, l'amore serve al matrimonio, quindi bisogna portarlo alla luce per assicurarsi che quello sia il marito giusto e non un mostro. E Psiche a quel punto cerca di vederlo. Ma la sua lampada, la sua consapevolezza ferisce Eros, l'amore svelato, portato alla luce, si allontana.

Psiche, questa volta, va verso il suo percorso di formazione: e l'unico percorso possibile, per l'anima, è quello che passa attraverso la mancanza: Eros scoperto scappa via e lei rimane sola. E a quel punto comincia a mancarle terribilmente. Qui è mancanza dell'amore e mancanza, nello stesso tempo, della persona amata. Dopo aver amato ci manca la persona che abbiamo amato ma anche il fatto stesso di aver provato per lei un sentimento tanto forte, coinvolgente, di esserci elevati. Comunque Psiche ha voluto vederlo, quell'amore, dargli un nome, portarlo nella storia e vedendolo, non appena lo ha visto, riconoscendolo lo ha perduto: perché nessun amore è tale se non può essere perduto. È nella mancanza, nel desiderio di ciò che non si riesce ad avere, che si svela l'anima; questa è una verità così incontrovertibile da indurci a pensare che l'innamoramento, Eros, non serva a farci incontrare l'altro, e spingerci verso qualcosa di estraneo e distante, ma serva piuttosto a formare la nostra anima, e a darle spazio. Psiche incontra Eros e poi lo perde, ed è a quel punto che comincia a prendere una forma, una dimensione, comincia a respirare riempiendosi come una spugna, allargandosi e ingrandendosi. Perché è la mancanza a rendere viva l'anima nel suo mettersi alla ricerca.

Psiche, avendo perduto Eros, va da Afrodite, perché desidera ciò che le manca, quello che non ha più, ciò che si è allontanato. E il racconto ci dice che nel suo desiderio lei debba sottoporsi a uno stillicidio, isterico, di prove e passaggi che le impone Afrodite. Contare e separare migliaia di semi, attraversare lande desolate in un mondo infernale e sterile, aspirare a vette irraggiungibili, superare imprese impossibili, arrivare alle sorgenti del male e del dolore. L'anima, nel suo prendere coscienza di se stessa, deve imparare il discernimento e la comprensione del mondo. La disperazione e la durezza delle prove a cui è sottoposta Psiche ci danno una prospettiva di un percorso che la fa passare attraverso la depressione, la fatica fisica e mentale, la sofferenza. Alla fine, Afrodite stessa è stupita della tempra e la resistenza che invece la fanciulla dimostra; proprio perché più vive la mancanza, più Psiche si rafforza, per quanto questo comporti grandi sofferenze e grandi difficoltà. L'ultima richiesta che le fa Afrodite è andare da Persefone a domandarle un po' della sua bellezza.

### *La bellezza di Persefone*

La verità è che Psiche e Persefone sono uguali: entrambe fanciulle, entrambe rapite, o sottratte alla loro innocenza, entrambe di una bellezza tanto luminosa quando leggera, soave, sottile e nello stesso tempo consistente e profondissima. Non ci facciamo troppa attenzione, ma la regina dell'Ade, delle profondità infernali, è anche la primavera – o forse quello che tendiamo a ignorare è che la dea che ci porta la rinascita delle stagioni, cioè la vita, abiti nelle profondità dell'Ade. Allora non si tratta di farsi rassicurare da come il ciclo delle stagioni sia legato al mondo infero, e a ogni inverno seguirà una primavera, piuttosto di entrare nell'ordine di idee che la morte abbia davvero una sua bellezza, tanto profonda (e bassa) quanto luminosa, colorata e lieve. Certo, il mondo infero non è soltanto questo, l'altra metà è di Ade, e di certo lui non ha la grazia e il profumo della sua sposa. Ma la profondità, di cui Ade è l'espressione oscura e invisibile, ha con sé Persefone. Ade è compiuto dalla sua bellezza e ha bisogno che lei stia lì.

Quello che ci sorprende, di Psiche quanto di Persefone, è come due esseri tanto leggeri e sottili, in un qualche modo delicati, possano sopportare un peso così gravoso. Non è un peso fisico, naturalmente, ma mentale o piuttosto strutturale: Psiche è l'unica che può arrivare a chiedere la bellezza di Persefone, quindi a comprenderla, assimilarla, farla propria. Lei ha già dato prova della sua forza e capacità di resistenza e perseveranza nel superare ciò a cui Afrodite l'ha sottoposta; queste, allora, servivano a prepararla al confronto con Persefone. Difatti anche Persefone rimane stupita e ammirata dalla forza di Psiche. Ed è commovente l'attenzione con cui tratta questa fanciulla venuta al suo cospetto: è chiaro che si riconosce in lei, l'accoglie con una dedizione e una grazia che solo una grande regina potrebbe ad avere – una dedizione e una grazia del tutto femminili.

Il racconto allora ci dice di come Persefone accoglie Psiche dandole subito quello che domanda. D'altronde Persefone rende quello che le viene chiesto – come Ade lei è il fine ultimo, sta lì per darci il senso alla nostra esistenza, facendosi sempre commuovere dalla purezza delle nostre intenzioni. La stessa cosa accade per la bellezza di Psiche, che Persefone subito riconosce, in cui si riconosce. Afrodite aveva chiesto a Psiche di portarle la bellezza di Persefone: perché come non possiede né capisce la bellezza di Psiche, è ugualmente estranea a quella di Persefone, visto che non conosce la morte. È gelosa di qualcosa che non le appartiene. Per questo manda Psiche da Persefone, perché lei non può arrivare laggiù. Così, intuendo quanto le due siano simili, le ordina di chiedere a Persefone ciò che a lei è precluso.

Alla fine Persefone dà a Psiche questa scatola, dicendole però di non guardarci dentro. Psiche, con la scatola in mano torna alla luce del mondo supero. Ma la verità è che la scatola è vuota, e quando Psiche ci guarda dentro – perché non resiste e vuole sapere – si rende conto che non contiene nient'altro. E poi sviene.

La storia di Amore e Psiche, più che un mito è appunto una favola psicoanalitica, sembra che Apuleio l'abbia scritta apposta perché gli analisti da scaffale ci scrivano sopra i loro libri di successo, è perfino didascalica nella sua profonda verità: ma che la bellezza di Persefone sia la bellezza di Psiche, e che quindi lei debba soltanto portare fuori dall'Ade una certa consapevolezza di se stessa, mi sembra una conclusione abbastanza facile da trarre, ma altrettanto luminosa nella sua verità.

Quella scatola la contiene, Psiche sta vedendo se stessa ed è questa la verità che va svelata ad Afrodite: la bellezza della nostra anima è nel nostro essere mortali, quindi così vicina alla morte ma ugualmente vicina alla trascendenza.

La *Favola di Amore e Psiche* è stata scritta quasi dieci secoli dopo l'*Iliade*, non avrebbe senso usarla come chiave di lettura. Nell'*Iliade* non ci sono né Psiche né Persefone, ed è proprio questo il punto. Però, in un certo senso, penso che con la distruzione di Troia si sia creato lo spazio necessario a Psiche. Apuleio, che possiamo collocare quasi alla fine del mito, ha dato compimento a qualcosa che era cominciato a essere all'inizio del mito. Così, arrivati quasi alla fine di questa storia, dobbiamo accettare il fatto che del femminile fanno parte anche altri due aspetti fondamentali del nostro essere: l'anima e la morte. Ed è forse proprio questa una chiave di lettura di quel conflitto nel femminile da cui eravamo partiti: da lì, oltre a tutto il resto, emergono (devono emergere) anche il nostro senso dell'anima e della morte. Per quanto siano entrambe appartate, discrete e sottili nella loro levità, l'anima e la morte sono entrambe ineluttabili. Non sgomitano certo per stare al centro della scena, come fanno invece Era, Afrodite o Atena (e probabilmente, a modo loro, anche Teti, o Demetra, o Artemide), ma ci sono.

Tornando a noi: non può esserci anima, quindi, fino a che non si soffre la mancanza di un amore, il desiderio per ciò che si ama: e la sofferenza, la fatica, il dolore che quella mancanza comportano sono necessarie al passaggio che l'anima deve fare per poter raggiungere la sua profondità. Cioè lì dove la bellezza, la morte, quindi il sogno e la poesia, coincidono. Perché è in quella profondità, nella bellezza e nella capacità di sognare o di vedere la musica e la poesia del mondo, che c'è anima. Ma lo si può capire soltanto avendo esperienza della morte.

Mi piace pensare, anche con una certa impudicizia, che dopo essersi sposati al cospetto di tutti gli dèi, Amore e Psiche siano tornati nel loro palazzo, sollevati dal vento e sottratti al resto del mondo e lì, prima ancora che mettere su una famiglia, abbiano ritrovato il loro stare insieme. Si sono certamente guardati l'un l'altro, come si guardano gli amanti nel momento in cui si ritrovano dopo tanto tempo e tanto si sono desiderati, ma poi hanno chiuso tutte le luci per trovarsi di nuovo, come la prima volta, il buio. Perché l'anima tende al buio, ed è lì che sa stare.

### *Ade, il profondo*

Non dobbiamo pensare ad Ade come ciò che verrà dopo, perché nell'eterno non può esserci prima né dopo, e perché anche Ade, come tutto ciò che è divino, è adesso.

Dopo la vittoria degli dèi olimpi sui titani, avendo portato ordine al Cosmo, Zeus, Ade e Poseidone si sono divisi per sorte l'universo. In particolare, tra Zeus e Ade, il mondo del giorno e quello della notte, il mondo della luce e quello del buio, l'evidente e il profondo, il visibile e l'invisibile. Non c'è un ordine di importanza, non c'è supremazia dell'uno sull'altro. Qualunque cosa Ade chieda (prima fra tutte Persefone) Zeus gliela concede: perché sono fratelli, nel senso più profondo del termine. Non si contrappongono, non si combattono, fanno le cose insieme. Ugualmente per Poseidone, il terzo, l'ulteriore metà – lì dove le metà del mondo sono tre per il maschile (e altre tre per il femminile).

Ma soprattutto questa divisione non ha separato il mondo rispetto al tempo: un mondo dell'ora e uno del poi, dunque il mondo infero non è in nessun modo quello che verrà. Per Ade (così come per Poseidone e per Zeus) tutto si gioca sul piano dell'adesso, fuori dal giogo del tempo e dunque nell'eterno. È al di là della nostra condizione storica, dove l'aldilà è soltanto oltre. C'è un aldilà dell'altezza e degli equilibri celesti, un aldilà dell'infinito e dell'ignoto, e un aldilà dell'oscurità e del profondo. È questa la trascendenza, ciò che ci surclassa, che c'è ma è oltre di noi, indipendentemente da noi. Gli dèi non stanno lì per noi, e noi gli interessiamo il giusto. E soprattutto non sono in un tempo futuro, ma adesso, anche se fuori dal noi, cioè dalla nostra percezione dell'ora e del qui. Il tempo degli dèi è senza alcuna escatologia, nessun premio, né consolazione e, soprattutto, nessun giudizio.

Achille questo lo sa: sa di dover morire, lo sa da sempre ma è lo stesso proteso verso l'eternità. La sua non è più un'esigenza fisica, la velocità e dell'invincibilità del suo corpo e delle sue armi nella battaglia: il suo tentativo è capire quale parte di sé è tanto vicina all'eternità da potersi spingere oltre l'umano. Ma la trascendenza non è escatologica, non deve per forza proiettarsi in un futuro di salvezza e redenzione. Per Achille (e per Omero) la vita è nell'adesso e pensarla come possibilità di sopravvivere alla morte è una contraddizione. Così quello che sta cercando di affermare Achille nel suo discorso, è invece il fatto che l'anima accede a ciò che ci trascende durante la vita, non c'è bisogno di un dopo. Quello che lo muove è l'eternità nella vita, e questa eternità lui l'ha avuta in Patroclo, anche se – come sempre accade – lo ha capito soltanto dopo averlo perduto.

Come dirà a Ulisse, quando lo incontrerà nell'Ade (così come ci racconta l'*Odissea*) nessun re dei morti vale quanto uno schiavo da vivo. Questo significa che per la nostra anima la trascendenza è adesso, il suo senso del divino, la possibilità di travalicare la storia e affacciarsi nell'eterno è a partire dalla storia e nella storia – questa potrebbe anche essere letta come una lettura illuminata del cristianesimo. La vita eterna non è l'eternità dopo la vita, né la vita in eterno, ma l'eterno che entra nella vita (e sono fonti abbastanza autorevoli che mi inducono a pensare tutto ciò: "l'eternità non sia un continuo susseguirsi di giorni da calendario, ma qualcosa come il momento colmo di appagamento, in cui la totalità ci abbraccia e noi abbracciamo la totalità").

Allora la porta d'accesso a quella trascendenza dell'anima è Ade. Lui è l'invisibile, ciò che, essenziale al cuore, è invisibile agli occhi – e proprio per questo dà compimento alla nostra esistenza. È il regno dei morti non perché è il luogo dove stanno le anime dei morti – in attesa di ciò che verrà – ma perché tutte le anime, dunque anche quelle di chi è morto, appartengono a quel mondo invisibile e incorporeo, tendono in quella direzione, vogliono stare lì, al buio.

Noi oramai abbiamo un pessimo rapporto con la morte, al punto da volerci chiedere da dove viene tutta questa attenzione e importanza che nell'*Iliade* viene data ai cadaveri. I corpi morti, per noi, restano buoni soltanto nei romanzi polizieschi, dove il più simpatico, per quanto strano e bizzarro, è sempre l'anatomopatologo. I cadaveri ci piacciono, e li capiamo, solo sul tavolo dell'obitorio dove, appunto, un tipo al limite del socialmente accettabile ci dice tutto quello che dobbiamo sapere sulla morte mentre mangia un panino con la frittata: ci dice il come, ben capace di trovare l'organo corrotto, il frammento estraneo, la prima delle cause efficienti che efficientemente hanno portato all'innegabile fatto che quello lì è morto. Di certo poi ci sarà anche un assassino che il nostro investigatore con scienza deduttiva riuscirà a scovare, ma più l'anatomopatologo è simpatico, più si sporca la barba con la frittata e sbriciola il suo panino sul cadavere, più copie venderà il libro. Ade non c'entra molto con gli investigatori, né con le spiegazioni scientifiche che tanto ci tranquillizzano. Achille di fronte al corpo morto di Patroclo così come Priamo che verrà a implorare quello di Ettore, ci dicono qualcosa di più semplice (e non troppo adatto ai romanzi gialli) per quanto inaccettabile: le persone che amiamo muoiono, e ogni amore, quindi, è destinato a finire. La loro mancanza strazierà il nostro sentire, e gonfierà la nostra anima al punto che – certo – vorremmo uccidere chiunque nel tentativo di sostituire quel dolore con la rabbia. Ma la scienza non spiega l'anima, né la placa. Giacché Apollo, con tutta la sua luminosa conoscenza e verità, è all'opposto di Ade.

*Parole, stelle e pianeti*

Almeno fino a che non era toccato a lei, aveva da sempre trovato imbarazzanti i funerali: soprattutto quel momento in cui, finita la funzione, ci si mette in fila ad aspettare il proprio turno per salutare i parenti, quelli rimasti, partecipare al loro dolore, offrire il proprio cordoglio. È anche vero che, senza voler annegare la questione nella birra come farebbero gli irlandesi, è oramai raro ottenere un funerale come si deve, con un prete che finirà certamente per deluderci per quanto ha da dire a riguardo. Aiuterebbero delle conoscenze ecclesiastiche, un amico cardinale, un vecchio zio prete che possa parlare con cognizione: ma la verità è che affidandosi al parroco è difficile arrivare molto in là. Forse è anche per questo che, almeno finché non le era successo in prima persona, aveva appunto trovato imbarazzanti più o meno tutte le cerimonie a cui era stata: obbligarsi a dover pensare qualcosa sulla morte, perfino in certi casi doverla comunicare in pubblico, anche soltanto provare a immaginarsi il dolore provato da altri. Ma non aveva mai vissuto la questione da quel punto di vista, così come le stava capitando adesso: e si era resa conto di quanto invece faccia piacere avere tutte quelle persone intorno, sentirsi dire la loro attenzione, il loro bene.

Certo nel suo caso, cioè di suo padre, la funzione, l'aspetto pratico era andato bene visto che la cappella universitaria è di competenza dei gesuiti e che questi alle cose religiose hanno da sempre (cioè dai tempi di Galileo) saputo affiancare anche un qualche punto di vista, come dire, scientifico. Comunque, per quanto ci fosse tutto il dipartimento di astrofisica, e buona parte della facoltà, nell'omelia quello aveva saputo essere perfino equilibrato, rispettoso nel sottolineare di come a volte l'intelligenza scientifica è così profonda da trovare, appunto, anche un qualche posto per la spiritualità – e lei aveva apprezzato che quello avesse parlato di spiritualità e non di fede. Comunque, forse proprio per questo, le era sembrato opportuno voler dire qualcosa anche lei, così era andata e, trattenendo la commozione, aveva raccontato la storia del foglio di carta piegato su se stesso, che diceva più o meno così: quando era ancora bambina suo padre le aveva voluto spiegare la capacità che ha la gravità di modificare il tempo e lo spazio nel quale siamo immersi, e lo aveva fatto prendendo un foglio di carta e mostrandole come questo si possa torcere su se stesso, modificando il piano e le dimensioni della geometria. E quando lei aveva cercato di trovare, in tutto ciò, una qualche collocazione anche per Dio, lui le aveva risposto che Dio *era* il foglio di carta.

Poi erano venuti a parlare anche alcuni colleghi, raccontando con grande affetto la dedizione che lui aveva messo soprattutto nel rapporto con gli studenti. Ma più di tutti l'aveva colpita una giovane dottoranda che si era avvicinata al leggio e si era limitata a elencare la denominazione astronomica dei corpi celesti che lui aveva scoperto, definito o contribuito a scoprire negli anni con i suoi studi: l'ultimo tra questi riguardava il problema di Plutone e della sua classificazione.

In effetti, mentre la sentiva parlare, le tornò alla mente di come suo padre si fosse occupato anche di questa faccenda, ma era una cosa che andava avanti da parecchio e che lo aveva da sempre coinvolto, se così possiamo dire. Quando lei aveva saputo della malattia (e le era stato chiaro di come questa avrebbe causato la morte di suo padre) non aveva però trovato modo di parlargliene. D'altronde non sapeva nemmeno se era giusto che fosse proprio lei a farlo, cioè opportuno, per una figlia... Così non erano mai arrivati ad affrontare la questione. E per come lui era un uomo riservato e timido, l'intimità fra loro non aveva mai toccato certi aspetti. Così in quei mesi si era limitata ad assisterlo, parlare coi medici, curarlo, stargli vicino, ma senza mai parlare esplicitamente di ciò che li aspettava. Poi, una delle ultime volte che era venuta a trovarlo, lui le aveva chiesto di portargli uno specifico numero di una certa rivista scientifica che in effetti teneva da tempo sul suo tavolo da lavoro. C'è un problema con Plutone, le aveva detto. Ora, per quanto nella vita lei si occupasse di tutt'altro, le era sempre piaciuto farsi spiegare quelle faccende di pianeti, orbite e classificazioni, così era stata volentieri ad ascoltarlo, su quanto nello specifico avesse da dirle riguardo a Plutone.

I nomi dei pianeti, così le stava dicendo, sono spesso associati ai nomi degli dèi e dei personaggi mitologici, i primi dei quali, per quanto riguarda gli oggetti astronomici visibili a occhio nudo, risalgono ai tempi dei Greci. Anche se buona parte di quelli a oggi conosciuti sono stati scoperti solo di recente, si continua da parte degli astronomi, almeno nei casi più eclatanti, a dargli nomi presi dal mito. Ora Plutone, le stava dicendo, è stato scoperto soltanto nel 1930 e, come per Nettuno e

Urano, facendo parte di quei pianeti che non si possono vedere a occhio nudo, gli è stato dato il nome di una divinità oscura o comunque abbastanza lontana dalla nostra quotidianità, dalla luminosità di Venere, di Apollo o di Giove. Anche l'astrologia, in effetti, aveva voluto aggiungere, attribuisce a Plutone delle influenze piuttosto profonde e, verrebbe da dire, oscure – trattandosi, in effetti, del dio degli inferi. D'altronde la scoperta del nono e ultimo pianeta del sistema solare, avvenuta solo nel 1930, è stata in realtà fatta solo grazie a come questo riesce a interferire con le orbite degli altri pianeti a lui più prossimi. Quindi non avevano potuto vedere direttamente Plutone, ma si erano più che altro accorti della sua presenza, dall'influenza che esercitava sul resto del sistema. E questo, così le aveva voluto raccontare mentre fuori della sua stanza d'ospedale un vento di tramontana illuminava il cielo di una luce bellissima, era un fatto curioso, soprattutto pensando a come noi stessi vorremmo tenere la morte fuori dalla nostra prospettiva. Ma sappiamo benissimo di quanto invece influisca e disturbi le nostre esistenze. In ogni caso, aveva continuato a dirle, a differenza di tutti gli altri pianeti del nostro sistema, Plutone si muove su di un'orbita un po' inclinata rispetto all'ellittica, quindi al piano in cui orbitano gli altri: inclinata di almeno 17 gradi, se così non fosse si troverebbe a sovrapporsi, se non addirittura a scontrarsi, con Urano. Questo ci spiega, aveva voluto aggiungere quasi sorridendo, come le profondità degli inferi in certi momenti possano coincidere con l'altezza del cielo. Comunque ormai si è arrivati alla conclusione che Plutone non sia in realtà neanche un pianeta e che dunque, almeno al momento e vista la facilità con cui arriviamo a cambiare idea al riguardo, il nostro sistema solare ne conta soltanto otto, avendo deciso che 124340 Pluto, questo il suo numero astronomico, sia soltanto un pianeta nano. È un po', le aveva anche detto, come se si fosse stabilito che è meglio tenerlo fuori dall'Olimpo, e da quei banchetti che fanno gli dèi, come in effetti racconta il mito. In ogni caso, tra quando è stato scoperto nel 1930 e quando è stato declassato nel 2006, per settantasei anni, a ben vedere, c'è stata la bizzarra possibilità per gli uomini di considerarlo parte del nostro sistema di valori, come se la morte venisse presa per qualcosa che possiamo perlomeno tenere a portata.

E mentre suo padre le parlava, per quanto nel farlo ci avesse messo molta più forza di quanta non volesse mettere per mangiare, le era sembrato di leggere nella sua voce un tono di profonda malinconia; così si era poi decisa a chiedergli che fine avesse fatto, in tutto ciò, Plutone. Lui le aveva risposto che ovviamente stava sempre lì, che stava sempre lì, che c'è sempre stato senza che la nostra capacità o meno di vederlo faccia per lui alcuna differenza. Continua a girare, le aveva detto, tenendosi al nostro fianco, ma lo fa da una certa distanza, se così vogliamo dire, insiste nel volerci influenzare, almeno finché non verrà il momento, anche per noi, di doverlo raggiungere.

In fondo era questo, le era venuto da pensare mentre il sacerdote finiva di esplicare le sue ritualità intorno alla cassa, lo strano modo con cui suo padre le aveva offerto le sue idee sulla morte. E mentre qualcuno si era già alzato per attraversare la navata e venirle incontro a lei era venuto da pensare che nella lapide da mettere sulla sua tomba, nel piccolo cimitero di montagna dove lui aveva chiesto di essere sepolto, avrebbe potuto scriverci, sotto il nome e le date che avevano segnato il suo esserci in questo nostro sistema, un'altra e possibile collocazione: 124340 Pluto.

## *I corpi, la morte*

È nella fisicità dei corpi morti (e nella loro integrità), che gli eroi di questo dramma vogliono onorarne la bellezza e contenere la memoria. Questa integrità è possibile nel momento in cui tutti possono vedere il corpo mentre brucia sulla pira funebre, e riconoscerlo. Se è la morte a dare senso alla vita, a partire dal modo con cui si muore, questo compimento avviene nel momento in cui gli altri, quelli che sono rimasti, possono riconoscerlo e portarne, quindi, la memoria. Per Patroclo verranno fatti dei giochi funebri che durano un'intera settimana – un funerale memorabile, di quelli che noi possiamo normalmente vedere soltanto se muore qualcuno della famiglia reale nel Regno Unito. Ma è questo l'importante, che la vita sia stata memorabile, che se ne possa custodire la memoria il più possibile a lungo. E per ottenere ciò è necessario che quei corpi rimangano integri, quindi che anche la persona sia integra. Qui l'integrità morale coincide con l'integrità fisica, avendo pienezza, la loro identità, solo in quel corpo.

Ade è la fine, nel senso del fine ultimo, la causa finale, lo scopo, delle nostre esistenze; la pienezza della nostra vita, la sua essenza, ha in Ade e Persefone il suo compimento. Psiche deve scendere nel mondo infero, non per punizione, ma perché nel suo essere mortale sta la sua bellezza, è quindi lì che quella bellezza diventa compiuta e prende senso. Essere mortale non vuol dire tendere alla fine, ma tendere a *un* fine, cioè al proprio compimento e alla completezza della propria persona, alla consapevolezza di cos'è che ci rende compiuti e completi.

Questo ci è difficile capirlo, convinti come siamo, oramai, che la cosa migliore per le nostre esistenze sia cercare di allungarle il più possibile, piuttosto che dare loro un senso. Ma così ci allontaniamo da Ade: smettendo di cercare l'invisibile allontaniamo la nostra anima dal suo compimento, che è invece lì dove di suo tende. Stiamo perdendo il senso della fine, e quindi di una sensatezza per le nostre esistenze. Lasciando che i corpi non finiscano, impedendoci di bruciarli sulla pila funeraria del nostro esserci stati, finiamo per perdere la possibilità che l'anima torni a un senso profondo delle cose, e di noi stessi.

### *Il sogno*

Tornato all'accampamento, Achille riprende il pianto funebre per Patroclo insieme agli altri Mirmidoni, i suoi compagni, i suoi amici. Omero ci dice che Teti induce in loro il pianto: è la sostanza liquida del materno da cui nasce il dolore, ma da cui può anche cominciare a fluire, scendere, andare via. Allora solo il pianto della madre può aiutare Achille a vivere fino in fondo il suo male, soprattutto la tristezza. Sembra, anzi, che solo adesso lui sia riuscito a soffrire la mancanza – forse a partire proprio da quella che nella sua infanzia ha sentito per la madre e per il padre.

Solo dopo che la rabbia ha devastato e bruciato tutto quanto intorno a lui, Achille può condividere con i soldati il suo dolore: allora piangono insieme sul cadavere di Patroclo, e poi mangiano il banchetto funebre in suo onore. E finalmente, poi, Achille riesce ad addormentarsi, adagiandosi sulla sabbia, sulla riva del mare: il sonno, la notte, dice Omero, sciolgono la pena della sua anima – come se l'acqua lo accogliesse, ancora una volta, nel suo elemento. Ecco, qui mi sembra di vedere arrivare la regina Mab ("portatrice di sogni e allevatrice delle fate: non è più grande d'una pietra d'agata poggiata sull'indice di un assessore, trainata da un intero equipaggio di atomi e portata a poggiarsi sui nasi di uomini addormentati: viaggia su di una carrozza costruita col guscio d'una nocciola: è così che arrivano i sogni a una velocità eccezionale...") perché quella notte, dopo aver ucciso Ettore e finito di piangere Patroclo, Achille lo sogna. Ed è questo sogno a segnare la fine della sua discesa agli inferi, come se fosse quello il punto di arrivo. Perché anche i sogni fanno parte del mondo infero, di quel buio che appartiene ad Ade.

Noi non siamo più abituati a considerare il buio come parte della notte e il sonno come sua conseguenza; così abbiamo perduto l'importanza dei sogni, ossessionati dall'essere lucidi e razionali, vigili alla luce diurna. Dormiamo (per chi ancora ci riesce) quasi soltanto per riposare il corpo, riprendere energie sufficienti per tornare alla luce, a produrre (produrre, produrre) appena riusciamo ad accendere una lampadina o uno schermo senza avere più nessun bisogno o piacere di perderci nell'oscurità dei nostri sogni. Insieme a tutto il resto che offriva modo alla trascendenza di manifestarsi, stiamo perdendo anche il buio e la notte. Ci è ormai impossibile vedere le stelle e ricostruire i racconti che queste disegnano fra le costellazioni, tessendo le trame del mito. Aver perduto il buio è fra tutte, forse la perdita più grave: significa precludersi l'accesso ad Ade e ai nostri sogni, uno dei modi più evidenti con cui la trascendenza viene ad abitarci. Anche i sogni, come l'anima e Ade, sono incorporei e inconsistenti, eterei ("quanto la bava delle formiche, che viaggiano su di una carrozza fatta col guscio di una nocciola...").

Mentre dorme allora Achille sogna Patroclo, non lui, ma la sua ombra, la sua *psyché*, fuori dal corpo, separata. Quella di

Achille non è una visione, non gli appare il fantasma del suo amico in un frastuono di catene (come a Ebenezer Scrooge, nel *Canto di Natale*) ma lo sogna, e nel sogno tutto è ombra, tutto è anima: perché i sogni sono dell'anima. L'anima di Patroclo, dunque, non è del tutto libera dal corpo, difatti lui chiede ad Achille di bruciare il cadavere, compiere i riti funebri necessari a mettere fine a quello spazio fisico, dare compimento alla sua esistenza, separandola definitivamente dal corpo, così che possa andare nell'Ade, lì dove le altre anime lo hanno finora escluso. Poi, Patroclo, come per farsi riconoscere, gli parla di quando da bambino, rifugiato e senza patria, era stato accolto da suo padre Peleo nell'isola di Ftia, al principio della loro amicizia. Solo alla fine, nel sogno, Achille gli chiede di essere abbracciato, non riuscendo però a stringere a sé un'ombra. Patroclo invece gli domanda se potrà fare in modo che le loro ossa vengano tumulate insieme – e così sta dando per assodato il fatto che anche Achille di lì a poco dovrà morire; lontano da Ftia, dalla sua casa e da suo padre, ma lì dove è morto anche Patroclo, dunque insieme a lui: ciò che resta dei loro corpi deve restare unito.

Ma quella di Achille, lo ripeto, non è una visione, non incontra l'ombra di Patroclo, ma la sogna: allora bisognerebbe trattare questo come un sogno. E se i personaggi dei nostri sogni sono le persone che ci abitano, presi in prestito per raccontare noi stessi, Achille sta sognando la sua ombra e la sua anima: di quell'oscurità che abita la sua profondità, di quanto deve trovare pace nella sua stessa morte e, quindi, nel poter bruciare il proprio corpo, tumulare le proprie ossa, dare compimento alla propria vita. Possiamo certo, come fanno i filologi, cercare di mettere ordine alle parole, e dare alla *psyché* di Omero un significato il più possibile chiaro per noi, che si avvicini al nostro, ma non è poi così essenziale: soprattutto quando, come chiede Patroclo di fare, lo vogliamo separare dal corpo.

Separando l'esistenza dal corpo, cioè la vita, lo spirito, il soffio, gli diamo compimento. È questo che chiede Patroclo. O meglio è questo che sta sognando Achille. Un buon analista gli chiederebbe cosa provava, quali erano i suoi sentimenti mentre stava nel sogno: e a me sembra che adesso tutta la rabbia sia svanita, che la pena della sua anima si sia davvero sciolta, e che la ferocia, quella corazza di ferocia che velava l'apparenza, adesso sia scomparsa, e i suoi sentimenti principali qui sono la tenerezza e la malinconia, e un'enorme tristezza.

Ma ancora più importante è capire il motivo per cui lui sogna proprio Patroclo, che non è una figura qualsiasi nel suo inconscio. Se Achille lo sogna non è solo perché è la persona che ama di più al mondo; l'ombra di Patroclo qui non sta cercando di colmare la mancanza di Achille, cerca piuttosto di dargli un senso, una direzione. Questo è un sogno pieno di tenerezza e di malinconia, un sogno dell'anima che dice, prima di tutto, come il rapporto tra Achille e Patroclo sia appunto un rapporto di anime. Ma a me sembra anche chiaro che il loro rapporto, qui, sia condotto da Patroclo, non da Achille: era Patroclo a portarlo in quello spazio dove nonostante il resto potevano amarsi (qualsiasi accezione vogliamo dare a questa parola). Da questo punto di vista, allora, la scelta che ha fatto Patroclo di indossare l'armatura di Achille e andare contro il proprio destino e la propria vocazione è una libertà che vuole concedere alla sua anima. Ed è forse l'unica scelta che l'umanità può imporre alla trascendenza. E questo è il libero arbitrio, la coscienza, ciò a cui Patroclo ha dato spazio e che Achille adesso deve definire: la libertà che è concessa all'anima di poter sentire. E non vuole dire cambiare le proprie sorti, modificare il peso della necessità sulle nostre vite, o obbligare gli altri a esserne partecipi, ma sentire e appropriarsi del proprio sentire senza volerlo soltanto subire; in un qualche modo prenderne parte, dargli spessore, senso, direzione, esistenza. Non è una libertà che riguarda il risultato ultimo, è una libertà che finisce per definire le persone e che possiamo concederci solo nel momento in cui riconosciamo la nostra anima, le diamo in noi il giusto spazio, liberandola dalla forza che le viene imposta impressa dalla storia.

### *L'anima*

Per sentire la tristezza bisogna avere un'anima. E, che abbiamo un'anima, ce ne rendiamo conto quando ci avvolge la tristezza per la mancanza che sentiamo di qualcuno. È in un qualche modo questo che Patroclo è venuto a dire in sogno ad Achille. Ecco, questa è la consapevolezza che alla fine doveva ottenere: l'individuazione a cui è stato chiamato. E solo adesso, sognando Patroclo, è riuscito veramente a capirlo. Perché sta sognando la sua capacità di sentire, di amare, sta sognando la sua stessa anima, nelle vesti di Patroclo, che gli dice cosa fare. Forse quello che gli era sfuggito, finora, era la possibilità che ci è data nella vita di poter accedere all'eterno nell'amare qualcuno. È questa la visione di Achille: l'anima. D'altronde il suo è un sogno bellissimo e triste, pieno di malinconia, che racconta l'infanzia, la mancanza, il padre e la nostalgia: un sogno dove Patroclo gli sta dicendo che è arrivato il momento di abbandonare il suo corpo e la sua velocità per dare spazio alla sua anima – perché solo così potrà davvero trovare la pace che cerca.

I filologi, e gli storici della filosofia, ci spiegano come è a partire da questa storia che i Greci, attraverso tutte le loro forme migliori di arte, abbiamo dato forma alla nostra idea dell'anima, e dello spirito – a partire da Omero arrivando alla fine a Platone e alla nascita della filosofia. Io penso che sia in questo sogno di Achille che l'idea di anima prenda la sua prima forma: è Achille a dargliela, questa forma, lui il primo a riconoscerla. È quella cosa di cui parlava con Diomede e Ulisse, che non si può comprare né svendere: è la stessa cosa di cui ci diceva Elena con Ettore, la dedizione di Patroclo agli altri, l'attenzione di Achille per Briseide, la necessità di Ettore di tornare a far giocare il figlio con il pennacchio del suo elmo, il bisogno di Elena di offrire a suo cognato un posto dove venirsi a sedere. E Achille adesso lo sa. Come accade sempre, il sogno gli ha rivelato qualcosa che lui è arrivato a capire dopo essere sceso nell'abisso del male, e avendo così tanto allargato quello spazio in sé: adesso ne ha preso consapevolezza, e lo sogna. D'altronde nessun altro che non fosse Patroclo poteva venirgli a dire come la tenerezza e la malinconia che sente siano la sua anima. Adesso Achille, contro ogni destino (o piuttosto in aggiunta a ogni destino) è semplicemente libero di amare.

L'estenuante battaglia con cui i Greci hanno difeso fino allo stremo il cadavere di Patroclo fa il paio con lo strazio sul cadavere di Ettore da parte di Achille a cui i Troiani hanno dovuto assistere dall'alto delle loro inviolabili mura. Ma per quanto quello di Patroclo sia stato messo in salvo e quello di Ettore sia stato massacrato da Achille, entrambi i corpi sono rimasti integri nella loro fisicità. Gli dèi stessi, una volta che finito di portare il loro scontro alla più alta violenza, se ne occuperanno, cioè si preoccuperanno di preservare il corpo di Ettore e quello di Patroclo dalla decomposizione, di sanare e rimarginare le loro ferite. Entrambe le parti hanno bisogno di elaborare il loro lutto, ma se il tempo continua a scorrere quei corpi finiranno per corrompersi. Adesso che c'è anche l'anima in gioco, da che Achille l'ha scoperta, bisogna che il tempo si fermi almeno un momento perché i vivi comincino a contemplarla e questa abbia modo di accedere all'Ade e al profondo – è questo che l'ombra di Patroclo ha chiesto ad Achille.

Questo è diventato solamente uno spazio dell'anima – su di un piano militare o politico, la guerra non ha più molto da dire, la distruzione di Troia sta per essere compiuta, dopo la morte di Ettore non c'è alcun dubbio a riguardo. Gli dèi stessi, dicevamo, lo riconoscono, se ne accorgono e per questo quasi si mettono da parte. Il fatto che venga fermata la corruzione dei corpi non è simbolico, e su di un piano spirituale ha un peso enorme: stanno fermando la mortalità: quei corpi sono morti ma rimarranno ancora integri nella loro straordinaria bellezza – forse anche più belli di quanto fossero prima di morire. Ma in questa frattura del tempo gli dèi fanno anche in modo che accada il contrario della guerra: il vecchio Priamo, re della nazione invasa, deve incontrare il più importante fra gli eroi greci. È chiaro che questa non è una missione diplomatica, non ha una valenza politica, tanto meno strategica, ha il solo scopo di dare spazio a quel loro soffio: anche il corpo di Ettore deve essere bruciato e, poi, seppellito.

Allora bisogna immaginarsi Achille che nella sua tenda guarda i due corpi a cui ha legato inesorabilmente il suo destino, perché è su quei due corpi che è riuscito a vivere fino in fondo la tristezza e la mancanza. Lui non ci fa neanche troppo caso, adesso è certo pieno di altri pensieri dentro cui, però, non ha tempo di perdersi perché vede i teli della sua tenda scostarsi ed entrare il vecchio re.

Ermes, il tranviere metafisico, ha accompagnato Priamo fin lì: ma poi anche lui si dilegua – nessun dio vorrà dire a Priamo o ad Achille cosa devono fare: le loro anime sono nude, per vedere il mondo in una totale nitidezza. E come i loro occhi si incontrano, sia Achille che Priamo capiscono cosa deve succedere, se non lo sanno, lo sentono.

## *Lo sguardo del padre*

Achille si mette a piangere non appena capisce chi è che sta entrando nella sua tenda. Non gli serve altro, non ci sarebbe neanche bisogno che Priamo venga ad abbracciare le sue ginocchia, come invece fa; non c'è bisogno che il vecchio re, così profondamente regale, anche solo per come entra senza dire niente, faccia altro, o dica altro. Achille è veloce, ha già capito tutto. Sa quello che vuole dare al suo nemico, gli darebbe tutto quello che chiede, e sta già pensando che vuole invitarlo a cena non appena, certo, riuscirà a smettere di piangere. Perché, o almeno è così che lo immagino, davvero non riesce a fermare i singhiozzi che vengono su dalla sua profondità e scuotono il suo torace, allargano il suo respiro, come un bambino appena nato che comincia a respirare. Eccola la sua anima: è qui.

Il pianto dell'eroe è la sua commozione, e la commozione è l'anima che respira, indipendentemente da tutto quanto il resto. Non c'è più bisogno di nessuna velocità, né frecce, né lastre di ghiaccio su cui correre, il combattimento, la guerra, il mare, la famiglia, il controllo, il desiderio, la luce, l'infanzia, il conflitto, né l'equilibrio che Zeus cerca di ottenere dal mondo: perché la sua anima è lì in tutto il suo sentire di fronte a Priamo.

È suo padre, che adesso finalmente lo ha riconosciuto, che ha capito davvero chi è, cosa sente, cosa prova e sta piangendo insieme a lui. Adesso c'è soltanto questo bisogno profondo di sentire il proprio sé che si allarga dall'interno. E si espande, si alza come un'onda, respira e si ingrandisce fino a coincidere con l'anima del mondo e quindi anche con quella di Priamo: questo gli dà una profondissima pace, la sua visione, adesso, è totale: luminosa.

Mi sembra importante che questa storia, cominciata con un conflitto nel femminile, finisca nel momento in cui il maschile riesce ad arrivare al suo compimento, essendo stato riconosciuto dal padre. Fino a questo momento, sul nostro proscenio, il maschile non si era mai mostrato all'altezza della situazione, non tanto nella sua nobiltà, ma soprattutto nell'incapacità di contenere il femminile. Quelle tensioni, quei conflitti, quella irrefrenabile forza del femminile di cui la trascendenza s'è fatta mezzo per emergere, è sempre stata subita dagli uomini; l'hanno subita rispondendo e opponendosi con altrettanta forza fisica o restando, salvo pochissimi casi, basiti. Ma la scena con cui questa storia finisce è invece quella dell'eroe che si sente individuato. Alla fine di un percorso che lo ha portato attraverso il fatto della morte, il compimento della sua anima, il riconoscimento da parte del padre.

Il mito allora sembra voler contrapporre alla trascendenza che in un qualche modo la maternità contiene in sé, così come ci viene mostrata dalla figura di Teti, la profonda umanità del padre che entra nella tenda di Achille per chiedere indietro il corpo del figlio morto. Nel momento in cui il femminile entra in conflitto, in conflitto con se stesso, la prima cosa che viene a mancare è proprio il ruolo del padre (senza più Teti, Peleo disarmato e inadeguato non riesce a stare con Achille e lo lascia nelle mani di Chirone). È chiaro come il problema adesso, nella nostra attualità, sia proprio quello del padre. Perché, anche solo simbolicamente, non si dà una madre senza che ci sia un padre e viceversa: così come per Zeus ed Era la coppia divina è inscindibile. Ma è su quest'immagine che si chiude l'*Iliade*: un padre ritrovato che ascolta l'anima di Achille sopravvissuta a tanta devastazione.

In tutto ciò alla fine Achille invita a cena Priamo. E mi piace immaginarlo, mentre cucina per il suo nemico. Certo, Achille è anche "la bestia", non c'è nessun bisogno di sottolinearlo, ma il mito ci permette di leggere queste storie da tutte le possibili e diverse angolazioni, da tutti i punti di vista (che infatti ci appaiono spesso come contraddittori, o perfino incomprensibili): ecco, adesso secondo me abbiamo bisogno di scegliere un punto di vista che metta in luce un altro aspetto di questo racconto e di questo protagonista che non sia la sua ferocia. Ci sono serviti ventiquattro secoli per renderci conto, a forza di leggere e rileggere l'*Iliade*, di come la forza possa piegare l'anima umana fino a renderla al pari di un oggetto – e, vorrei notare, lo abbiamo capito in uno dei momenti più bui che la nostra umanità abbia attraversato. Mi sembra che ancora oggi non riusciamo a cogliere nella sua totalità quello che Simone Weil e Rachel Bespaloff hanno scritto negli anni quaranta, nel pieno della seconda guerra mondiale. Non sono neanche sicuro del fatto che, a tutt'oggi, siamo davvero riusciti a capire cosa intendessero, cosa possa davvero comportare questo fatto della forza, della violenza, sulla nostra anima. E non intendo soltanto dal punto di vista delle guerre, o della nostra capacità di portare in salvo l'umanità. Ma ecco, nel frattempo ne è passato più o meno un altro, di secolo, e non mi sembra che ci siamo tanto ripresi da quelle vicende, da quella guerra.

Penso che anche per noi sia arrivato il momento di ripartire dalle nostre anime. Così mi piace pensare a un Achille che è soltanto feroce – la ferocia è di Ares, e la ferocia non sa cucinare, non prepara nessuna cena e non riuscirebbe a fare un discorso sull'anima così lucido e così alto, come quello che Achille fa a Ulisse e Diomede. E davvero, ad Achille, in quel momento basterebbe poco per essere davvero feroce, potrebbe alzare la sua spada e finire Priamo con una sola mossa, anche a mani nude non ci metterebbe niente a uccidere il re della città che da dieci anni stanno assediando. Questo, sia detto di sfuggita, significherebbe la fine della guerra, la vittoria dei Greci e in particolare una vittoria totale di Achille sull'*establishment*; soprattutto, per lui, sarebbe la più alta gloria e il ritorno a casa. Eppure non lo fa.

Allora mi sembra chiaro (adesso finalmente è chiaro) che Achille non stava cercando questo, la ferocia non è del suo sé, non è questo che può definirlo. Così, mentre altri si stanno occupando di lavare, cospargere di olii profumati e avvolgere nel lino il corpo di Ettore, loro due si mettono a parlare con un bicchiere in mano. Achille ha fatto sedere il vecchio re sulla sua sedia, gli ha versato del vino rosso e si è messo lui stesso a preparare la carne da mettere sulla brace, cospargendola di olio con un ramo di rosmarino dove aveva lasciato macerare per qualche decina di minuti l'aglio e le bacche di ginepro. Poi ha affettato il pane per fare le bruschette, e fatto anche a pezzi un po' di pomodori mischiandoli anche lì con dell'aglio e basilico, se mai a Priamo possa piacere così, per quanto a lui la bruschetta piaccia invece solo con olio e sale. (Però, ecco: nel tempo, qui, alla fine abbiamo imparato ad amare tutti i popoli del mondo e soprattutto la loro cucina, ma davvero non capisco come possa essere che la bruschetta esista soltanto da noi, che solo a noi sia venuta in mente questa cosa così semplice e facile di far tostare il pane sulla brace per poi metterci sopra del sale e dell'olio).

Comunque mentre Achille cucina per lui, Priamo – ne sono convinto – lo segue con lo sguardo sapendo benissimo anche lui tutto quello che serve sapere: non solo di aver trovato, venendo qui, la pace per suo figlio Ettore, ma anche di averla data ad Achille.

*Ermes*

Noi non vedremo la distruzione di Troia, non vedremo neanche la morte di Achille, sono tutte questioni irrilevanti dal punto di vista della letteratura, non era questa la storia che stavamo ascoltando e di cui dobbiamo sapere il finale. Ma è proprio nel momento in cui, appunto, gli dèi hanno sospeso il tempo, prima che la corruzione dei corpi riprenda il suo corso, che sulla scena si è affacciato Ermes dio dei ladri, poeta e fingitore.

In realtà lui s'era già visto, o meglio intravisto da dietro le quinte, sapendolo riconoscere (Omero in realtà non lo nomina) perché è stato certamente lui che ha portato Patroclo in sogno ad Achille, se è vero che è Ermes l'istigatore dei sogni. Adesso lo vediamo, in tutta la sua rapida leggerezza che accompagna Priamo perché vada da Achille portando con sé il pensiero commosso del padre. E se il suo ruolo in questo dramma è abbastanza limitato, è anche vero che viene a noi nel momento più alto e allo stesso tempo più commovente (non solo di questo racconto ma, mi viene da dire, un po' di tutta la letteratura occidentale). Mi sono sempre chiesto come mai, fra tutti gli dèi che appaiono su questo proscenio, nel decimo anno della guerra di Troia, Ermes venga alla ribalta soltanto alla fine e con una funzione tutto sommato marginale. Ma la distruzione della città è vicina e già possiamo intravedere il nuovo equilibrio con cui Zeus terrà insieme il cosmo, ecco: in questa lenta eclissi del divino a cui stiamo per assistere, Ermes sarà l'unico a non perdere il contatto con il nostro attuale – d'altronde è questo il suo compito, il suo principale attributo, rapportarsi a noi. Se è vero che gli dèi si stanno nascondendo, è anche vero che Ermes è l'unico che può riportarci a loro.

L'inizio della nostra storia è stato segnato dall'arrivo di Apollo e della sua epidemia, di lì in avanti gli altri dèi hanno cominciato ad agire per mezzo degli eroi intervenendo a piene mani nella nostra trama; ma nell'ultima scena del racconto possiamo notare soltanto la presenza di Ermes.

Anche indipendentemente da quello che succede nel frattempo, la distanza che Apollo ha segnato all'inizio della storia con il suo arco, è stata in un qualche modo colmata da Ermes. In fondo l'attenzione al corpo di Ettore e la necessità che Achille lo restituisca sono una questione umana, dell'anima, che non dovrebbe riguardare gli dèi. Ma Ermes è l'accompagnatore delle nostre anime, è dunque lui che deve mettersi al fianco di Priamo per portarlo nella tenda di Achille – anche se è chiaro che sono stati gli dèi a chiederlo. Se Ermes, nella sua leggera rapidità, è l'artefice del finale di questa storia, a me sembra che si stia prefigurando un nuovo assetto del mondo dove gli dèi partecipano forse meno attivamente alla vita degli uomini, ai nostri scontri, al nostro esserci, ma resta Ermes ad accompagnarci, portandoci i nostri sogni, affiancandoci nella nostra commozione.

La velocità di Ermes è quella facoltà obliqua di essere insieme con gli dèi e con gli uomini. L'angelo non è solo chi porta le novelle, ma chi – di per sé veloce – muove l'anima e il pensiero al punto da portarli a essere nello stesso tempo sul piano dell'umano e su quello del divino. Gli angeli non sono solo veloci, ma anche e soprattutto leggeri e articolati, complessi e indefiniti, nel senso analitico di incompleti. Ma questa loro incompletezza gli permette di non seguire del tutto gli uomini nella loro caduta, né di seguire del tutto gli dèi nella loro fuga verso l'alto. Per questo Ermes ci sta così simpatico, perché la sua presenza non ci lascia inchiodati alla nostra condizione.

Ermes è quel tipo di personaggio di cui ci piacerebbe essere amici, non avendo il coraggio – o l'ardire – di aspirare al suo posto. Il suo ingegno, la rapidità e la capacità di immaginazione lo rendono affascinante almeno quanto indefinito. È il miglior bugiardo che la letteratura abbia potuto contemplare, ma soprattutto è del tutto inconsistente e inafferrabile pur essendo perfettamente se stesso: appena credi di averlo preso è già sfuggito dalle tue mani. Ed è davvero quello che Luciano Erba direbbe un "tranviere metafisico", il dio del nostro essere accompagnati: ci porta verso il divino e porta a noi i nostri sogni – quelli che facciamo di notte così come quelli che facciamo a occhi aperti. È il dio dell'immaginazione e quindi della possibilità che vogliamo avere di vedere il mondo, le nostre esistenze e il nostro futuro. In questo senso Ermes accompagna le nostre anime: come Apollo ci dà la nostra intelligenza, la nostra possibilità di vedere, Ermes ci dà la nostra anima e la possibilità di sentire: è lui che la indirizza, le dà una direzione, un senso, la muove, ce la mostra: Ermes è il dio della nostra commozione.

Ma se ci sembra di subire così tanto il suo fascino, lo stiamo in realtà rendendo un dio sovraesposto: lo veneriamo nel commercio o nella comunicazione senza dare alcuna attenzione al fatto che è lui che governa i nostri scambi (la comunicazione, i patti, le discussioni, i rapporti) e quindi implica sempre un confronto, una presenza. Non ci è concesso di rapportarci a Ermes in una sola direzione, perché non è così che funziona con gli dèi, a partire dall'idea del sacrificio in poi, c'è sempre bisogno di uno scambio. Allora, quello che ci chiede Ermes in cambio è dare la giusta attenzione agli altri dèi di cui lui è messaggero.

Se non veneriamo le altre divinità la sua figura finisce per perdere di consistenza: e noi ci riduciamo a una comunicazione senza contenuti, tutto questo parlare a vuoto senza dire nulla, con la sola ossessione di poter piacere e, nello stesso tempo, un mercato senza scambi il cui scopo non è la merce, ma il solo fatto di vendere o comprare, quindi la possibilità del guadagno.

In tutto ciò stiamo ignorando il peso dell'unico dio che sembra manifesto nel nostro attuale. Certo Ermes non modifica il suo essere tale solo per il fatto che noi travisiamo il suo culto, o gli portiamo i tributi sbagliati, ma è anche un dio ironico, buono e tendenzialmente generoso. Con lui non è mai detta l'ultima parola: è un dio mobile, rapido e leggero.

E allora diventa la nostra possibilità di immaginarci un futuro. Ma questa possibilità ci viene offerta attraverso uno strumento insospettabile, fra quelli nelle mani di Ermes, cioè la finzione, l'inganno. Quando Apollo lo accusa di avergli rubato le vacche, lui nega con uno sconfinato candore, dimostrando come alla base di ogni teatro ci sia la menzogna: "non lo so" dice al fratello, "non ho sentito altri parlare, non posso informarti, né posso chiederti un premio per averti informato" – e solo questa battuta ("non posso informarti, né posso chiederti un premio per averti informato") paga il biglietto per tutto lo spettacolo.

Ecco, se Apollo si prende troppo sul serio, Ermes forse lo fa troppo poco. Nessun altro dio fa dell'ironia e della finzione la sua principale misura, nessun altro dio si diverte così tanto, e così tanto diverte gli altri, nel suo essere nel mondo. Ma alla fine tutto in lui sembra volgere in una precisa direzione: ed è la storia delle vacche di Apollo a mostrarcela quando, all'inizio, Ermes decide di uccidere la tartaruga. Anche se è un'immagine un po' cruenta suppongo sia lì che dobbiamo andare a cercare. Ci può dispiacere, certo, per questo animale così legato alla stabilità della terra, ma nel racconto che ce ne fa Omero Ermes non appare affatto crudele, avventato o riprovevole. O almeno, non quanto invece riesce ad affascinarci l'ingegno di un bambino in fasce capace di vedere uno strumento musicale in una tartaruga.

Perché Ermes è la creatività e la possibilità. Lui è l'invenzione prima ancora che sia inventata, l'immaginazione e la facoltà di vedere qualcosa che ancora non c'è. Dunque già sapeva che quella era una lira: e nessun bambino si preoccuperebbe di una tartaruga capendo di avere di fronte la possibilità di una simile meraviglia – difatti lui uccide l'animale senza nessun tentennamento o crudeltà.

Questa capacità di immaginare e pianificare il futuro come possibilità, e quindi di modificarlo in tale senso, è una capacità dell'infanzia che l'infanzia riconosce da subito, ma che il pensiero adulto difficilmente riesce a comprendere. Invece è alla base di ogni creazione. I giovani, e ancora di più i bambini, sono il futuro non perché prima o poi dovranno crescere e avranno in sorte il destino del mondo, ma perché sono ancora capaci di immaginarlo, un destino e un futuro per il mondo. Non a caso Ermes non cresce, è l'unico dio, insieme a Eros e, in una delle varianti che prevede il suo mito, a Dioniso che resta giovane, piccolo, ragazzo.

Ma dobbiamo tornare al regalo che il dio sta per farci: dopo averla costruita, la lira, e prima di avventurarsi nel mondo per rubare le vacche di suo fratello, Ermes si mette lì a provare il suo nuovo strumento. E per provarlo canta la storia d'amore fra Zeus e sua madre Maia, la storia del suo stesso concepimento. Allora questo racconto nel racconto, che è allo stesso tempo una storia erotica, una poesia e una canzone, mi piace pensarla come la fondazione della letteratura. La letteratura nella sua più meravigliosa inutilità. Perché Ermes canta quella canzone soltanto per se stesso, senza avere altro scopo se non quello del proprio piacere, un piacere estetico ed emotivo. E allora sembra che la poesia, qui, voglia sfuggire alla necessità. Se tutto è soggiogato a un disegno divino, è come se Ermes nel fondare la letteratura la stia sottraendo a quel disegno: lui canta per il solo fatto di cantare come, appunto, farebbe un bambino. Ma in questa sua invenzione è anche coerente con il suo ruolo e con il suo carattere, ce la sta regalando, questa cosa della letteratura: proprio nel suo compito di fare da tramite, da mezzo di comunicazione tra noi e il divino. Allora, se lui è il tranviere, in un repentino cambio di prospettiva la letteratura è il tram.

## *La poesia*

La guerra di Troia è voluta da Zeus per porre fine all'era degli eroi, infatti muoiono tutti.

L'unico che sopravvive al ritorno, cioè alla conclusione del mito, è Ulisse. Ma riuscirà a farlo solo dopo aver vagato per ogni anfratto della sua coscienza e fra le tempeste del suo inconscio. E dopo il ritorno di Ulisse, una volta che avrà finito quel percorso – e forse proprio per via della sua presa di coscienza – niente sarà più come prima. In un mondo tutto proteso verso il progresso, la conoscenza e una lucida e razionale lettura della realtà, non c'è più spazio per gli eroi e il loro essersi costretti a un confronto con il profondo; così anche gli dèi preferiranno smettere di abitare la terra eclissandosi dietro alla nostra coscienza, venendo fuori soltanto nei nostri sogni, nelle nostre malattie mentali o, nel migliore dei casi, nella nostra letteratura. Ma in tutto ciò noi restiamo comunque qui, "in questo nostro mondo", come dice Calvino, "pieno di responsabilità e di fuochi fatui". E allora viene da chiedersi: dopo esserci spinti tanto in là e fino a questa piccola vigilia di quello che c'è del rimanente: viene da chiedersi che cos'è che rimane.

L'*Iliade* è impregnata di tristezza.

È questo che Elena dice a Ettore quando, nel sesto libro, lui rientra in città per trovare l'appoggio di Atena e si incontrano quasi per caso. Mentre Paride si prepara, i loro sguardi si incrociano e lei gli chiede di venirsi a sedere, sentendo tanto netto il suo amore per lei: ma nello stesso tempo sente anche incombere un destino di morte e di sventura. E allora gli dice che l'unica cosa che avanza allo spropositato uso della forza che è stato messo in scena è la loro tristezza. Credo che, anche al di là di quella contingenza, della guerra e della distruzione di Troia, Elena abbia ragione: questa cosa che lei dice vale ancora adesso, per noi, ora.

E se anche gli dèi continuano a non saperne nulla della nostra tristezza, così come non sono interessati alla sventura che incombe sulle umane esistenze, noi non siamo gli dèi e il gin tonic ci aiuta solo fino a un certo punto: poi dovremmo comunque tornare alla nostra normalità. Questo Elena lo sa bene, come sa che tutto ciò non toglie nulla allo stato di grazia che ci danno l'innamoramento o l'amore; ma che proprio per questo è folle cercare di distogliersi da quella grazia, magari con altri gin tonic da prendere altrove, perché nessun amore o nessun innamoramento può sfuggire alla tristezza.

Così quando vede Ettore, proprio perché Ettore è l'unico che non sembra voler andare a letto con lei, gli dice di venirsi a sedere. Lui ovviamente ha paura e allora distoglie lo sguardo, vorrebbe andare via, da sua moglie, lì dove almeno potrà trovare un qualche senso nel fatto di aver costruito una famiglia, di avere un figlio. Ma sanno entrambi che prima ancora della casa e della famiglia, della guerra o della loro città, vengono il desiderio e l'amore – chi meglio di Elena può riconoscere questo?

E allora lei gli dice questa cosa che continua a sorprenderci ancora adesso a distanza di così tanto tempo: quello che resta, gli dice, quello che in tutto ciò ci potrà sopravvivere, è soltanto la poesia.

Davvero non ci sarebbe molto altro da aggiungere, dovremmo fermarci qui – in fondo già lo sapevamo, lo abbiamo sempre saputo, il nostro discorso era disseminato di indizi. È questa la lettura che ne volevamo dare, certamente abbiamo anche forzato la mano, di tanto in tanto, pur di arrivare a dire proprio questa cosa qui. Se è vero che in questo racconto abbiamo assistito alla costruzione dell'anima, la conseguenza più evidente è il riconoscimento della poesia come unica possibilità di senso alle nostre esistenze. Noi eravamo partiti dall'uovo – non l'uovo che cade nel brodo, ma quello di Nemesi – perché ovviamente l'uovo è l'inizio e la fine, il contenuto e il contenitore: e qui tutto è cominciato con Zeus che si innamorava di Nemesi (la necessità e la conseguenza) ma poi finisce con Elena che ci viene a dire come l'unica cosa che resta è la poesia. Ed è un po' una rottura, un cambio di prospettiva. Perché secondo me la poesia non comporta conseguenze, non può sottostare a nessuna necessità – un innamoramento libero dal giogo della necessità o della conseguenza.

Ma se la poesia è di Apollo, Apollo ha sempre pagato un prezzo abbastanza salato per la sua complessità psicologica, proprio dal punto di vista sentimentale: infatti la lontananza a cui si costringe lo obbliga a restare lontano dal compimento dei suoi amori. Lui è l'innamoramento incompiuto, perché è un innamoramento che vuole tenersi a distanza. Al contrario di Zeus, che subito insegue e poi prende, conquistando l'oggetto dei suoi amori, Apollo sembra invece voler restare per sempre in una condizione di sospensione. E ha degli innamoramenti incongrui, difficili, perfino cupi, proprio perché raramente conquista la donna che desidera.

In questo senso, allora, è bellissima e nello stesso tempo terribile la storia del suo amore per Dafne. Di come il dio si innamora della ninfa e, non potendola avere, cerca di trasformarla nell'eternità che è concessa soltanto all'arte. Allora resta da chiedersi se sia possibile sottrarre un qualunque fine all'amore, così da renderlo libero dalle contingenze o dalle utilità, elevandolo all'esattezza della poesia. Se l'innamoramento e l'amore vengono sottratti alla costruzione di un rapporto, possono essere tenuti sospesi sull'abisso dell'eterno, lì dove anche la poesia riesce a condurci.

Nel raccontarci come Dafne fugge di fronte alla passione di Apollo, il mito sembra voler mettere in luce la possibilità per il dio di apparire ridicolo nel suo essere così limpidamente innamorato, quasi fosse immobilizzato dalla sua stessa luminosità. Ma Apollo innamorato rende luce a ogni cosa. Sembra quel momento, in *Anna Karenina*, in cui Levin va verso casa di Kitty sapendo che finalmente potrà chiederla in sposa, e che lei accetterà: decide di andarci a piedi e tutto ciò che vede, intanto, comincia a illuminarsi: il tram, i passanti, i bambini, tutto prende una luce meravigliosa, il mondo diventa chiaro nella sua profonda verità: ogni cosa è illuminata e, quindi, comprensibile nella sua essenza. Questo è Apollo e questa è la lucidità dell'innamoramento, ma la consapevolezza che ha di se stesso porta il dio a vivere l'amore in una abbagliante totalità, senza possibilità di alternative: luminoso, accecante e travolgente, niente di più lontano dal desiderio e dalla seduzione.

Il fatto è che nessuno vuole essere travolto, soprattutto da un amore di una tale chiarezza, inondato dalla luminosità e disposto ad arrivare così tanto in profondità. Dafne (o chi per lei) non può che fuggire di fronte al dio poeta che si è innamorato di lei. Ma non vuol dire che non stia vivendo questo amore in tutta la sua intensità e profonda verità: quello di Apollo non è un amore non corrisposto, ma un amore talmente intenso che non può essere vissuto. Per chi vede il mondo con tanta chiarezza, amare non può che significare esporsi del tutto alla luce. E per amare così bisogna esserne capaci (oltre che volerlo) ma poi è anche molto difficile trovare qualcuno disposto a seguirti fino a quelle altezze.

Ecco, allora per il dio la cosa potrebbe risolversi nel voler assistere a una trasformazione: e questa è la poesia. Il compito del poeta, non riuscendo a fermare nel tempo l'eternità a cui il dio ci dà accesso con l'innamoramento, diventa rendere quella trasformazione. L'immagine che ci deve restituire è la stessa che Apollo, per un istante, ha fermato mentre guardava Dafne trasformarsi in un albero. La vera metamorfosi, cioè la metafora, non è quella dell'albero e nemmeno quella dei versi, ma la possibilità che il dio continua a mettere nel fatto di amare. La stessa cosa di Zeus che si innamora e così allarga il mondo con la sua immaginazione, trasformandosi in ogni possibile creatura.

Per ogni innamoramento che Eros ci offre, c'è sempre e di nuovo un dio pronto ad aprire per noi uno spiraglio sull'eternità, la luminosa visione di uno spazio infinito che si compie nel fatto stesso della metamorfosi. La metamorfosi (e la metafora) è la trascendenza che si incarna, prende forma, entra nella realtà e immediatamente la eleva. C'è qualcosa che appartiene al divino e che il divino stesso mette nella possibilità che ci siano delle note, delle parole, della materia da modellare o dei colori da mischiare. Al poeta resta il privilegio di poter assistere a questa trasformazione, e di riscriverla; mentre chi legge, guarda o ascolta, potrà godere dell'evocazione di ciò che era la bellezza di Dafne nel momento in cui un dio la stava guardando, dandole così una densità che altrimenti non avrebbe avuto. È così ogni volta, ancora adesso, per ognuno di noi: in quel momento, un istante prima che lei cominci a fuggire e lui a soffrirne, c'è solamente il loro numinoso amore.

Ecco, la poesia è ciò che avanza dalla metamorfosi degli dèi.

C'è questa cosa che dice Mandel'štam: "nella poesia conta soltanto una comprensione attiva, che non ripete né parafrasa", una comprensione esecutrice. È un modo di vedere il mondo che è molto lontano dal nostro quotidiano e che non potrebbe essere compatibile con una lettura politica della realtà, né tantomeno economica, cioè con l'idea di utile o di profitto: e non è neanche compatibile con la normalità dei rapporti, di quando devono arrivare a costruire qualcosa. È invece lo stesso che l'innamoramento, la cui condizione di partenza è proprio quella poetica, che prevede una comprensione attiva, che non ripete e non parafrasa. Ecco, immagino fosse questo che Apollo stava cercando di ottenere dalla leggera rapidità di Ermes. Ed è di questo che stanno parlando Elena ed Ettore: loro sanno di guardarsi, per quei pochi istanti che verranno loro concessi, su di un piano della realtà che non è quello politico, né militare, del lavoro o della famiglia o quello dell'opportunità, del controllo, dell'intelligenza. È un piano che appartiene solamente alla bellezza e alla poesia, il piano dell'eternità.

Di tutto quanto, gli dice allora lei, di questa nostra tristezza, resteranno soltanto i versi dei poeti.

Il manoscritto dell'ultima breve raccolta pubblicata da Mainardi poco prima di morire è stato ritrovato, insieme alle altre carte, nell'appartamento che aveva preso in affitto sulla costa settentrionale dell'isola. Si tratta di un *in folio* costruito dallo stesso Mainardi piegando a metà quattro fogli di formato A4 e tenuti, uno dentro l'altro, a formare una segnatura di sedici pagine. Se i fogli interni sono su normale carta a uso ufficio, il primo riporta a piè di pagina l'intestazione *Hotel des Célestins – 12, Quai des Célestins – 75004 Paris*, anche questo piegato in due e tenuto quindi per traverso rispetto all'intestazione dell'Hotel. Allora, sul verso di quest'ultimo foglio c'è l'ottava che chiude la raccolta:

*Com'è bello e triste amore*
*poterti pensare adesso*
*che non ci sei più qui lungo*
*i viali spogli di questa città*

*e nuotare il ricordo di te*
*del nostro bene, vissuto fra certe*
*persone che ora mi passano intorno*
*neanche fossero onde del mare.*

Sul recto, invece c'è quello che nelle intenzioni di Mainardi doveva essere il frontespizio. Lì dove aveva scritto di suo pugno, a matita, in stampato maiuscolo: *Gli dèi alle sei.*

## Nota dell'autore

Ogni percorso nel mito è per sua natura un groviglio di racconti, riferimenti e citazioni, riscritture e sovrascritture di altri testi – che siano fonti antiche, adattamenti moderni, esegesi, studi o riscritture, interpretazioni o anche solo traduzioni. In un certo senso è come se ogni letterarietà che vi si avvicina, finisca poi per esserne inghiottita, portando di volta in volta un nuovo filo al gomitolo, un altro strato al racconto. Così il groviglio delle esegesi diventa ugualmente intricato di quello delle fonti che cercano di interpretare, diventando parte di quegli stessi racconti o delle loro varianti. Il risultato allora è una massa d'acqua compatta dove scorrono e si intrecciano, stratificandosi, o vorticando le une contro le altre, molte e diverse correnti che vanno a volte in un'uguale direzione, altre volte in direzioni diverse o contrarie: ma la massa resta in realtà immobile, sopra il tempo e ogni possibile narrazione – soprattutto sopra gli autori che nel tempo vi attingono appropriandosene provvisoriamente. Dunque, in tutto ciò è quasi impossibile averne una mappatura completa che permetta di orientarsi in quell'oceano.

In oltre vent'anni da che, a vario titolo, lavoro sul mito ho capito che, volendocisi immergere, l'unico modo per non affogare è lasciandosi andare, abbandonarsi al racconto – o almeno così mi sembra: galleggiare facendosi trasportare dove quello meglio crede. Allora diventerebbe inopportuno – e forse anche pretestuoso – cercare di ricostruire tutti i riferimenti che, per diverse vie, si intrecciano al mio: di molti fra questi ho certamente perso la memoria, li spaccerei per miei anche se non lo sono. Così potrei risolverla dicendo (come in effetti è) che nulla di questo libro davvero mi appartiene: giusto qualche intuizione, qua e là, ma non sento il bisogno di rivendicarne la paternità e per questo, forse, ho anche cercato di scaricarla sulle spalle più solide, ma anche eteree e fittizie, di Goffredo Mainardi. Questo non toglie la necessità, piuttosto, di essere in un qualche modo riconoscente ad alcuni dei testi o dagli autori da cui mi sono fatto sostenere o illuminare, e sui quali mi sono appoggiato: senza dei quali, mi è chiaro, immerso in questo mare non sarei riuscito ad arrivare da nessuna parte. Certamente la traduzione *dell'Iliade* di Guido Paduano uscita nella *Biblioteca della Pléiade* di Einaudi/Gallimard nel 1997 e adesso disponibile nei *Millenni* Einaudi. Il saggio di Rachel Bespaloff *Sull'Iliade* e quello di Simone Weil *L'Iliade. Il poema della forza.* Poi molto di James Hillman, soprattutto *Anima*, *La vana fuga degli dèi*, *Il sogno e il mondo infero*, *Un terribile amore per la guerra* e *Figure del mito.* E Carl Gustav Jung, soprattutto *Gli archetipi e l'inconscio collettivo* e *Psicologia e alchimia.* Quindi W. H. Auden, *La mano del tintore*; Jorge Luis Borges, *Sulla poesia*; Harold Bloom, *Rovinare le sacre verità*; Iosif Brodskij, *Fuga da Bisanzio*; Roberto Calasso, *Le nozze di Cadmo e Armonia*; Giorgio Colli, *Apollineo e dionisiaco*, *La nascita della filosofia* e i tre volumi della *Sapienza greca*; Marina Cvetaeva, *I luoghi dell'anima;* Mircea Eliade, *Il sacro e il profano*; Marsilio Ficino, *Anima mundi*; Julian Jaynes, *Il crollo della mente bicamerale e l'origine della coscienza*; Osip Mandel'štam,

*Conversazione su Dante*; Walter F. Otto, *Gli dèi della Grecia*; Erwin Rohde, *Psiche;* Jean Rudhardt, *Eros e Afrodite*; W. G. Sebald, *Vertigini*; Bruno Snell*, La cultura greca e le origini del pensiero europeo.*

Il buono dello scrivere è che lo si fa da soli, lontani dal resto del mondo, ma inevitabilmente (e grazie a Dio) intanto c'è anche che ti ascolta, ispira, parla, distrae, rilegge, ospita, analizza, aiuta, consiglia, spiega, corregge, accoglie: Valerio Aiolli, Arturo, Giorgio ed Emile, Stefano Artero, Francesca e Piergiorgio Bellagamba, Maria Neve e Giuseppe Bertolini, Andrea Bizzarro, Enrico Borra, Lina De Bonis, Beatrice Masini, Anne Palopoli, Marco Piani, Livia Polidoro, Fabiana Rubino, Barbara Sciascia, Silvia Trabattoni, Piero Trellini e Hans Tuzzi: con la mia riconoscenza.

Roma, marzo 2023

## Le principali fonti antiche e altri riferimenti letterari

**L'inizio**
Esiodo, *Teogonia*, vv. 36-115, 115-145;
*Frammenti orfici*, O42, O43, O44, O45, O49, O70, O98, in *Eleusis e Orfismo,* a cura di G. Tonelli, Milano, Feltrinelli, 2015;
Eraclito, *Frammenti*, A5, A20, in G. Colli, *La sapienza greca*, Milano, Adelphi, 1980;
Samuel Beckett, *Murphy*, Torino, Einaudi, 1962.

**L'uovo di Nemesi**
*Kýpria*, fr. 1, fr. 9;
Ovidio, *Metamorfosi*, VI.

**La liquida bellezza di Teti**
*Frammenti orfici*, O49;
Apollonio Rodio, *Argonautiche*, IV;
Ovidio, *Metamorfosi*, XI.

**Guerre e matrimoni**
Apollodoro, *Miti*, III;
Euripide, *Ifigenia in Aulide*;
Apollonio Rodio, *Argonautiche*, IV.

**Un antefatto dove non succede niente**
Omero, *Iliade*, I;
Euripide, *Ifigenia in Aulide*;
Ovidio, *Metamorfosi*, XII;
Eraclito, *Frammenti*, A75;
William Shakespeare, *Amleto*.

**Achille**
Omero, *Iliade*, I.

**Una chiara visione del futuro**
Apollodoro, *Biblioteca*, III;
Euripide, *Ifigenia in Aulide*;
Igino, *Fabula*;
Eschilo, *Agamennone*.

**Uccidere un bambino**
Euripide, *Ifigenia in Aulide*.

**Artemide**
Ovidio, *Metamorfosi*, III.

**Apollo**
Omero, *Iliade*, I;
Omero, *Inno ad Apollo*;
Eraclito, *Frammenti*, A8;
Robert Musil, *L'uomo senza qualità*, Torino, Einaudi, 1957.

**Illuminare l'oscuro**
Omero, *Inno ad Apollo*;
Eraclito, *Frammenti*, A1, A4, A5, A7, A56, A60;

Ovidio, *Metamorfosi*, I;
Platone, *Fedro*;
Platone, *Simposio*.

**Ermes e le vacche di Apollo**
Omero, *Inno a Ermes*.

**Il sogno di Agamennone**
Omero, *Iliade*, II.

**La scelta di Paride**
Omero, *Iliade*, III.

**Il desiderio e la bellezza**
Omero, *Iliade*, III.

**Afrodite**
Omero, *Inno ad Afrodite*;
Sandro Penna, *Amore, gioventù, liete parole,* in *Croce e delizia*, Milano, Longanesi, 1958;
Esiodo, *Teogonia*;
*Frammenti orfici*, O48;
*Kýpria;*
Marina Cvataeva (ad Aleksandr Bachrach), in *Il paese dell'anima. Lettere 1909-1925,* Milano, Adelphi, 1998.

**Psiche**
Apuleio, *La favola di Amore e Psiche*, in *L'asino d'oro*;
Eraclito, *Frammenti*, A52, A55;
Platone, *Simposio*;
Clemente Alessandrino, *Esortazione ai Greci*.

**Una sospensione sulla storia**
Omero, *Iliade*, IV.

**La guerra e la Necessità**
Omero, *Inno ad Ares*;
*Vangelo secondo Matteo*, 10, 34;
Francesco d'Assisi, *Testamento*.

**L'altra metà della guerra**
Omero, *Iliade*, V.

**La lotta, la forza e la guerra**
Ovidio, *Metamorfosi*, IV;
Ovidio, *I giorni*.

**Ettore**
Omero, *Iliade*, VI;
Euripide, *Le troiane*.

**Atena**
Apollodoro, *Miti*, III;
Ovidio, *Metamorfosi*, III e VI.

**La bellezza e il controllo**
Omero, *Iliade*, VI;
Euripide, *Le troiane*.

**Le sorti**
Omero, *Iliade*, VIII.

**Era**
Omero, *Iliade*, XIV;

Omero, *Inno a Era*;
Pausania, *Viaggio in Grecia*.

**Luminosa seduzione**
Omero, *Iliade,* XIV;
Ovidio, *Metamorfosi*, III.

**La famiglia e la costruzione**
Ovidio, *Metamorfosi*, VIII;
*Vangelo secondo Matteo*, 25, 45.

**Oceano, l'inconscio, il profondo**
Omero, *Iliade*, XIV, vv. 201-302;
*Frammenti orfici*, O45, O46, O47, O48.

**Achille e Agamennone**
Omero, *Iliade*, I.

**Il mare, Teti, la madre**
Omero, *Iliade*, XII;
*Frammenti orfici*, O46, O47, O48;
Eraclito, *Frammenti*, A44;
Simone Weil, *L'Iliade. Il poema della forza* – in *La rivelazione greca,* Milano, Adelphi, 2014.

**L'eroe liquido**
Stazio, *Achilleide*.

**Vedere l'eterno**
Omero, *Iliade*, IX;
Stazio, *Achilleide*.

**Trame e finali**
Carlo Emilio Gadda, *Quer pasticciaccio brutto de via Merulana*, Milano, Garzanti, 1957.

**Patroclo**
Omero, *Iliade*, XVI;
Platone, *Simposio*.

**L'amicizia**
Omero, *Iliade*, XVI;
Leo Lionni, *Piccolo blu e piccolo giallo*, Milano, Babalibri, 1999.

**Quello che manca**
Omero, *Iliade*, XVI;
*Frammenti orfici*, O63.

**La forza**
Omero, *Iliade*, XVI.

**Il corpo morto di Patroclo**
Omero, *Iliade*, XVI;
Eraclito, *Frammenti*, A66;
Eugenio Montale, *In limine*, in *Ossi di seppia*, Torino, Einaudi, 1925.

**La terra desolata**
Omero, *Iliade*, XX, XXI e XXII;
William Shakespeare, *Giulio Cesare*;
John Donne, *Anatomia del mondo*;
T. S. Eliot, *La terra desolata*.

**Psiche**
Apuleio, *La favola di Amore e Psiche* in *L'asino d'oro*;
*Frammenti orfici*, O37, O54;
Omero, *Iliade*, XXIV;
Eraclito, *Frammenti*, A10, A14, A53.

**La bellezza di Persefone**
Apuleio, *La favola di Amore e Psiche* in *L'asino d'oro*;
Omero, *Inno a Demetra.*

**Ade il profondo**
*Frammenti orfici*, O57;
Eraclito, *Frammenti*, A32, A47, A49, A98;
Benedetto XVI, *Spe salvi,* Città del Vaticano, Libreria Editrice Vaticana, 2007, p. 29.

**Il sogno**
Omero, *Iliade*, XXIII.
William Shakespeare, *Romeo e Giulietta.*
Charles Dickens, *Canto di Natale*.

**L'anima**
Omero, *Iliade*, XXII; XXIII; XXIV.

**Lo sguardo del padre**
Omero, *Iliade*, XXIV.
Christa Wolf, *Cassandra*, Roma, Edizioni E/O, 1984.

**Ermes**
Omero, *Inno a Ermes*;
Luciano Erba, *Il tranviere metafisico*, Milano, Scheiwiller, 1987.

**La poesia**

Omero, *Iliade*, VI;
Omero, *Odissea*, V;
Omero, *Inno a Ermes*;
Ovidio, *Metamorfosi*, I;
Italo Calvino*, Il visconte dimezzato*, Einaudi 1952;
Dante Alighieri, *Inferno*, XXVI.
Lev Tolstoj, *Anna Karenina*, Torino, Einaudi, 1946;
Pier Paolo Pasolini, *Preghiera su commissione, in Trasumanar e organizzar*, Milano, Garzanti 1971;
Osip Mandel'štam, *Conversazione su Dante*, Milano, Adelphi, 2021.

# INDICE

FSC
www.fsc.org
MISTO
Carta | A sostegno della gestione forestale responsabile
FSC® C005461

Stampato presso
Rotolito S.p.A. - Seggiano di Pioltello (MI)
Printed in Italy